Joyce Nebelfeld
Lost in (Work)Space

2. Auflage
2023

Joyce Nebelfeld

Lost in Work(Space)

Hirn aus, Arbeit an, Seele weg.

WAS IST DIESES BUCH?

Eine persönliche Geschichte?

Ein Erfahrungsbericht?

Ein Ratgeber und Mutmacher?

Es ist ein wenig von allem!

In jedem Fall ist es ein persönliches Statement.

Bibliografische Informationen der Deutschen Nationalbibliothek: Die Deutsche Nationalbibliothek verzeichnet diese Publikation in der Deutschen Nationalbibliografie; detaillierte bibliografische Daten sind im Internet oder dnb.dnb.de abrufbar.

Korrektur und Lektorat: Thageres K.
Herstellung und Verlag: BoD – Books on Demand, Norderstedt

ISBN: 978-3741286155

Inhaltsverzeichnis

Lasset den Horror beginnen!

Der Wecker klingelt. Ist es wirklich schon wieder Morgen? Ein neuer Tag? Neuer Tag, neues Glück? Pah! Glück ...

Ein Blick in Richtung des Nachttisches macht mir schmerzlich bewusst, wie wenig Spielraum mir bleibt, um mich mental auf den Gang zurück in die Höhle des Grauens vorzubereiten. Die Höhle des Grauens? Ja, so nenne ich es liebevoll, das Büro. Zurück zu den verschrobenen Menschen, mit denen ich außerhalb der Arbeitszeit nie und nimmer Berührungspunkte hätte, aber gezwungen bin, gute Miene zum bösen Spiel zu machen.

Wie süß mein Wecker mit Katzenmotiv ist, den ich von meiner Großmutter geschenkt bekam und früher so gerne mochte, übersehe ich vollkommen, denn den Blick für die schönen Dinge des Lebens, den man noch vor einigen Monaten so sehr an mir gelobt hat, habe ich längst verloren.

Schon der Gedanke, heute wieder ins Büro zu müssen, schnürt mir so sehr den Magen zu, dass ich den Versuch, mein Frühstück runter zu würgen, direkt unterlasse. Noch ein kurzer Blick in den Spiegel. Ich sehe müde aus. Genauso müde wie ich mich fühle, doch auch heute werde ich wieder mein Bestes geben.

Ich war schon immer fleißig und darauf bedacht, meine Arbeit gut und gewissenhaft zu machen. Arbeit, die mir eigentlich so viel Freude bereiten könnte. Ich *will* arbeiten! Ich bin überpünktlich, immer freundlich zu meinen Kolleg:innen und habe eigentlich Spaß daran im Team zu arbeiten.

Trotzdem mache ich mich mit einem scheußlichen Gefühl in der Magengegend fertig, schnappe mir meine Sachen und male mir auf dem Weg zum Auto bereits aus, wie mein Tag aussehen wird, angefangen bei meiner Ankunft im Büro.

Kolleg:innen, die lustig miteinander tratschen und lachen als sei der bevorstehende Arbeitsalltag das Beste und Schönste in ihrem Leben. Gespräche über das Fernsehprogramm am vergangenen Abend, die mehr über das Niveau und den Intellekt der Tratschmuttis aussagen als irgendwas sonst.

Tratschmuttis. Das sind übrigens nicht zwangsweise wirklich Mütter und in diesem Buch werden ganz sicher keine arbeitenden Mütter, die ihren Beitrag zum Familieneinkommen leisten, diskriminiert.

Nein. Ihr Mütter, ihr seid klasse und gehört gefeiert! Ihr rockt und das solltet ihr wissen!

Tratschmutti ist vielmehr ein Synonym für die klassische, oft etwas in die Jahre gekommene Bürohexe, die meist bereits mindestens ihr 10-, wenn nicht 20-Jähriges, Firmenjubiläum gefeiert hat und sich aufgrund ihrer, wie sie es selbst nennt, Expertise, grundsätzlich für etwas Besseres und Klügeres hält als alle anderen. Die, die für die Einarbeitung der Azubis und neuen Mitarbeiter:innen zuständig ist, denn welche Person würde sich besser eignen als die liebe Astrid, die zwar privat nicht viel vorzuweisen hat (eigentlich gar nichts), dafür aber ihren Lebensinhalt ausschließlich innerhalb der Firma sieht? Aufgrund dessen ist sie Liebling des Chefs, aber der Horror aller anderen. Selbstverständlich müssen sich alle anderen ihr anpassen und reden ihr gerne nach dem Mund, denn wehe der armen Seele die Astrids Krallen zu spüren bekommt ...

Minuten, die sich ziehen wie reißfester Kaugummi. Aufgaben, die an Sinnlosigkeit kaum zu überbieten sind. Kolleg:innen, die mir schiefe Blicke zuwerfen, weil ich nicht bereit bin, meine wohlverdiente Pause zugunsten der Akten zu opfern, die gestern Abend nicht weggeräumt wurden. Und Astrid, die mit

Adleraugen, wann immer sie meinen Schreibtisch passiert, beobachtet, was ich treibe, um auch bloß jede noch so kleine, mögliche Verfehlung meinen Vorgesetzten unter die Nase zu reiben. Schließlich bin ich die Neue. Vertrauensvorschuss? Wo denkst du hin?!

Es wird ein toller Tag!

Nicht.

KAPITEL 1:

VON ANFANG AN

Erinnerst du dich noch an deine Schulzeit und den Moment, in dem die Frage nach dem Berufswunsch immer konkreter wurde? Vielleicht gab es an deiner Schule sogar ebenfalls so etwas wie eine Berufsberatung, die dabei helfen sollte, Stärken und Schwächen einzelner Schüler zu erkennen und die passenden Ausbildungsmöglichkeiten vorstellen.

Ich erinnere mich, dass dieser Zeitpunkt bei mir gekommen war, als ich etwa fünfzehn Jahre alt gewesen sein muss. Nicht, dass die Frage nach dem Berufswunsch nicht bereits viele Jahre zuvor wieder und wieder gestellt worden wäre, als ob ein zehnjähriges Kind auch nur den leisesten Schimmer von der Arbeitswelt und ihren Möglichkeiten hätte.

Ich behaupte, die Mehrheit der Kinder und Jugendlichen wissen nicht ansatzweise, was ihnen wirklich liegt und Spaß machen könnte. Woher auch? Schließlich haben sie keinerlei Erfahrungs- und Vergleichswerte. Und weißt du das? Das ist vollkommen in Ordnung! Es ist in Ordnung, wenn ein Teenie oder Jugendlicher nicht sagen kann, was er oder sie einmal werden möchte. Es ist okay, keine klare Aussage treffen zu können, denn jede Antwort auf die Frage nach dem zukünftigen Berufswunsch, basiert einzig auf vagen Wunschvorstellungen, die oft mit der Realität rein gar nichts zu tun haben.

Vielleicht liegt die Antwort von Lisa, die sagt, sie würde gerne Bürokauffrau werden, auch einfach nur in der Tatsache begründet, dass ihr auf die Schnelle nichts anderes einfällt, das ihr sinnvoll erscheint und vom Fragesteller wahrscheinlich anstandslos akzeptiert wird.

Kinder und Jugendliche können durchaus Ideen haben, welchen beruflichen Weg sie einmal einschlagen möchten. Ob es wirklich so kommt oder ob sich der Wunsch schnell als eine der dümmsten Entscheidungen des bisherigen, jungen Lebens herausstellt, sei einmal dahin gestellt. (Übrigens: Es gibt keine dummen Entscheidungen! Dazu gleich mehr.) Das ist genauso in Ordnung wie die klare Aussage, es einfach nicht zu wissen. Denn ich verrate dir etwas: Nur etwa 50% aller 18- bis 24-Jährigen arbeiten nach ihrer Ausbildung weiterhin in ihrem erlernten Beruf. Die andere Hälfte? Na rate mal!

Worauf ich hinaus will: Es ist unmöglich, in diesem Alter konkret sagen zu können, wohin der berufliche Weg einmal führen wird. Selbst, sich für eine bestimmte Ausbildung zu entscheiden und diese im besten Fall durchzuziehen, ist kein Garant dafür, in diesem Beruf bis ans Ende aller Tage glücklich und zufrieden zu sein. Es ist nötig, Erfahrungen zu sammeln und es muss erlaubt sein, dabei auch mal ins Klo zu greifen. Oder mehrmals. Nur so sammeln wir Erfahrungswerte und können überhaupt lernen, was uns wirklich liegt und Spaß macht, oder eben nicht. Es ist okay, wenn sich der kindliche Traumberuf als alles herausstellt, nur nicht als Traum. So lernen wir. Vor allem lernen wir uns auf diese Weise selbst kennen und kommen so vielleicht nach und nach auf den Pfad, der uns tatsächlich näher zu unserem echten Traumberuf führt.

Ich bin das beste Beispiel für all das gerade Erklärte. Schon als Kind kam es mir seltsam vor, wenn man mich fragte, was ich einmal werden möchte. Woher sollte ich das bitteschön wissen?

Ich versuchte mich auf Drängen meiner Mutter und Großeltern im hauswirtschaftlichen Bereich, bereitete mich sogar erfolgreich schulisch darauf vor und stellte fest, dass jeder in Frage kommende Beruf mir ein Graus wäre. Ich wechselte in einen vollkommen anderen Bereich, versuchte mich an Elektrotechnik. Eine Branche, in der ich sogar eine Ausbildung begann und nach 1 1/2 Jahren wieder abbrach weil es nur eine Sache auf der Welt gibt, die noch schlimmer ist als Rosenkohl: Mathematik! Es folgte eine zweite Ausbildung, die ich allerdings erfolgreich abschloss und plötzlich war ich ReNo. Rechtsanwalts- und Notarfachangestellte.

Wow! Das war eine Reise durch 3 vollkommen unterschiedliche Branchen. Was für ein Abenteuer!

Ob ich nun an meinem Ziel angekommen war und meinen Traumberuf befunden hatte? Ich wünsche, du könntest hören, wie ich gerade seufze und meine Augen verdrehe. Kurzum: Nein!

KAPITEL 2:

NACH DER AUSBILDUNG

Da steht man nun, das Zeugnis in der Hand. Und nun?

In meinem Fall war von Anfang an klar, dass mein Ausbildungsbetrieb mich nicht übernehmen würde. Es gab keine offenen Fragen. Ich war darauf vorbereitet. Vor allem war ich darauf vorbereitet, mir einen anderen Bürojob zu suchen, um Gottes Willen bitte weit weg von jeglichem Aktensortieren und dem tausendsten Rosenkrieg, in dem die verlassene Mutter versucht, den Kindsvater bis auf letzte Hemd auszunehmen und sein Leben zu zerstören, koste es was es wolle. (Ja, natürlich sollen Väter für ihre Kinder aufkommen, allerdings vertrete ich die Meinung, dass es nicht in Ordnung ist, aus gekränktem Stolz das Leben eines Menschen, den man angeblich einmal geliebt hat, nachhaltig und wissentlich zu zerstören.)

Mir war klar: Es sollte ein Bürojob sein, allerdings keine Anwaltskanzlei oder Notariat. Schließlich, davon war und bin ich felsenfest überzeugt, qualifiziert mich meine Ausbildung durchaus zu einer großen Bandbreite an Büroarbeiten.

Tatsächlich sahen das auch diverse andere Arbeitgeber so. Nicht, dass es einfach war, eine passende Stelle zu finden, aber es gab durchaus Optionen.

Zu diesem Zeitpunkt hatte ich schon einige interessante Menschen getroffen, von denen ich sagen könnte, dass es meinem Gemüt besser getan hätte, hätte ich mich niemals mit ihnen abgeben müssen, wären da nicht die durchaus wichtigen Erfahrungswerte. Seien es Ausbilder, die ihrer Tätigkeit vollkommen überdrüssig waren, nur zwischen Kaffeeautomat und Raucherecke pendelten und den Lehrauftrag komplett unter den Teppich kehrten, oder Kolleg:innen, die unbedingt in regelmäßigen Abständen diverse Gelegenheiten nutzen mussten um mir aufzuzeigen, lediglich eine billige Arbeitskraft zu sein, die niemals eine Aufgabe ablehnen darf, egal wie sinnlos oder dumm sie scheint.

„Lehrjahre sind keine Herrenjahre!", hat Oma immer gesagt. Schwachsinn! Kein junger Mensch sollte mit der Vorstellung ins Berufsleben starten, alles mit sich machen lassen zu müssen, zumal es enorm aufs Selbstbewusstsein drückt und dieser Umstand alles andere als strebsam und richtig sein kann.

An dieser Stelle ist unbedingt anzumerken, dass ich immer ein außerordentlich schüchternes Kind war. Diverse und unter anderem auch langanhaltende Mobbingerfahrungen in meiner Schulzeit haben diesen Umstand nicht gerade verbessert. Selbstzweifel und ein ziemlich mieses Selbstwertgefühl waren bei mir lange an der Tagesordnung und begleiten mich periodisch bis dato. Ich kann heute natürlich viel besser damit umgehen, weiß aber, dass derartige Erfahrungen einen Menschen möglicherweise nie mehr vollkommen loslassen. Es sind lebenslang prägende Eindrücke.

Meine Schüchternheit musste ich aber bereits in meiner ersten Ausbildung zu großen Teilen ablegen, oder vielmehr lernen immer wieder über meinen eigenen Schatten zu springen, was mir sicher nicht geschadet hat. Ich lernte, teilweise auch auf die harte Tour (Augen zu und durch!), dass ich durchaus in der Lage bin, Hindernisse und Probleme zu überwinden. Das war manchmal verdammt schwer, aber es half mir wirklich enorm bei meiner persönlichen Entwicklung. Allerdings blieb ich immer, wie ich es nenne, höflich zurückhaltend.

Im Team war ich die, die gern unauffällig blieb aber grundsätzlich gut mitdachte und arbeitete, selbst wenn ich am Ende die einzige war, die arbeitete. Manchmal ist das sogar tatsächlich ganz gut so, denn wenn man von den Fähigkeiten und Konzepten der andere nicht überzeugt ist, von seinen eigenen allerdings sehr wohl, dann kann es besser sein, die Sache einfach selbst in die Hand zu nehmen. Erstrecht, wenn alle anderen sowieso mit beispiellosem Desinteresse glänzen und froh sind, die Arbeit an jemand anderen abdrücken zu können. So kann man das Positive im Negativen sehen und zumindest wissen, dass es am Ende gut wird!

Es war für mich oberstes Gebot, Ärger mit anderen zu vermeiden, mich gut anzupassen und mich so von Tag zu Tag zu hangeln, im besten Fall ohne anzuecken. Das klappte meist gut. Ich war vielleicht nicht die coole Spaßkanone, dafür war ich aber sicher niemandem ein Ärgernis.

Spoiler: Ich sollte noch schnell genug lernen, dass es nicht immer der beste Weg ist, das stille Mäuschen zu spielen und alles einfach zu schlucken. Denn den Schaden, den man dadurch seinem Gemüt und damit auf Dauer der eigenen Gesundheit zufügt, ist nicht unerheblich.

Natürlich ist es wahnsinnig schwierig, besonders nachdem man gerade erst einen Einstieg in die Arbeitswelt gefunden hat, seine Stimme zu finden. Es kann schwer sein, seine eigene Meinung zu vertreten, wo man doch weiß, dass man „nur“ der Azubi ist. Oder „nur“ der oder die Neue, die noch gar keinen richtigen Anschluss gefunden hat. Was sollen denn die anderen denken? Wie werden sie es auffassen? Was, wenn ich etwas Falsches sage und damit den Unmut, vielleicht sogar Hass, der anderen auf mich ziehe? Bin ich dann vielleicht schneller meinen Job los als mir lieb ist? Darf ich überhaupt etwas sagen, wenn mich etwas stört oder belastet?

Heute weiß ich: Ja! Darfst du! Du musst sogar. Es ist für deinen eigenen Seelenfrieden. Wenn du in den entscheidenden Momenten einfach schweigst und deinen Ärger, die Enttäuschung oder was auch immer dich belastet, runter schluckst, wirst du später immer wieder an diese Situation denken. Deinen Gedanken werden zurück zu diesem einen Moment schweifen und du wirst dir ausmalen, wie es anders oder besser hätte laufen können. Wie gut es getan hätte, wenn du einfach gesagt hättest, was du in diesem Moment gefühlt und gedacht hast. Das

„Was wäre gewesen, wenn ...“ wird an dir nagen und dich lange belasten.

Wir kommen später noch einmal konkreter darauf zurück. Nur so viel sei gesagt: Ich habe zu lange gebraucht, um zu begreifen, dass man sich selbst keinen Gefallen tut, wenn man schweigt.

KAPITEL 3:

DER SCHLIMMSTE JOB MEINES LEBENS?

Der erste Job nach der Ausbildung ist wirklich etwas ganz Besonderes. Ja, es ist ein besonderes und aufregendes Gefühl. Man kommt sich vor, als sei man angekommen. Man hat etwas erreicht. Ausbildung abgeschlossen, Job gefunden, alles richtig gemacht. Super!

Rückwirkend ist klar, dass ich bereits beim Vorstellungsgespräch hätte hellhörig werden müssen. Nein, ich wurde hellhörig ... und habe es ignoriert. Genau wie mein mieses Bauchgefühl, das daraus resultierte. So wie ich zuvor in meinem Leben vehement jeden Moment ignoriert hatte, in dem ich eigentlich unbedingt meine Stimme hätte erheben müssen, ignorierte ich hier meine innere Stimme, die mich klar und deutlich schon während des ersten Gesprächs mit meinem zukünftigen Chef förmlich anschrie, meine Beine in die Hand zu nehmen und mich vom Acker zu machen.

„Planen Sie Kinder?"

Die größte No-Go Frage aller Zeiten als eine der ersten, die mir gestellt wurde. Wow! Das war so dreist, dass es beinahe einen (ironischen) Applaus wert gewesen wäre.

Wenn dir, egal ob Frau oder Mann, jemals eine solche Frage in einem Vorstellungsgespräch gestellt wird, solltest du wissen, dass du an dieser Stelle lügen darfst. Planst du Kinder oder hast du Kinder, darfst du ganz ohne schlechtes Gewissen die Unwahrheit sagen, denn diese Fragen sind genau genommen in einem Vorstellungsgespräch sogar unzulässig. Das sagt das Gleichbehandlungsgesetz (§ 3 GlBG).

Auch Fragen über die sexuelle Orientierung, Religion oder deine Weltanschauung gehören in diese Kategorie und gehen die Person, die dir gegenüber sitzt, nicht die Bohne etwas an! Hier geht um den Job, die Aufgabengebiete, die zu erbringende Leistung und was du dem Unternehmen bieten kannst. Wollen sie dich aufgrund dessen, was du ihnen vorzuweisen hast? Super! Passt irgendwas nicht oder kommt dir etwas komisch vor? Erweise dir selbst den Gefallen und geh! Es mag im ersten Moment ein Rückschlag sein, denn schließlich geht die Suche nach einem passenden Arbeitsplatz nun weiter, aber das eventuelle Unglück, das in diesem

Betrieb auf dich wartet, wäre um ein Vielfaches belastender als eine erneute Suche nach einer anderen Stelle.

Tja! Ich hätte an dieser Stelle bereits ahnen müssen, dass ein Mensch, der mit einer solch dreisten Selbstverständlichkeit eine derartige Frage stellt, niemand sein kann, der ein Unternehmen führt, in dem ich je glücklich werden könnte.

Zur Info: Ich musste bei der Antwort nicht lügen, denn ich plante tatsächlich keine Kinder. Allerdings, wenn ich heute über die Situation nachdenke, wünsche ich mir die Zeit zurückzudrehen und meinem ehemaligen Chef ins Gesicht zu sagen: „Selbst wenn ich einen Kinderwunsch hätte, können Sie doch unmöglich so dumm sein, davon ausgehen, dass ich Ihnen die Wahrheit sage!"

Er selbst hatte natürlich keine Kinder. Natürlich nicht.

Ich arbeitete in diesem Unternehmen ein gutes, halbes Jahr. Vielleicht etwas länger. Wäre ich darüber hinaus noch länger geblieben, weiß der Geier was es mit meiner geistigen Gesundheit gemacht hätte.

Gefühlt war für mich, die als Neue in den Betrieb kam, jeder der dort arbeitete einer Gehirnwäsche unterzogen worden. Anders war für mich kaum nachvollziehbar, was ich dort erleben musste.

Mitarbeiter, von denen scheinbar verlangt wurde, einzig für den Betrieb und die verschrobenen Vorstellungen der Vorgesetzten zu arbeiten. Mitarbeiter, die genau das taten, jung wie alt.

Es war selbstverständlich, später in die Pause zu gehen und deutlich früher wiederzukommen. Jeweils eine viertel Stunde war hier das Minimum, wodurch einem von einer Stunde Mittagspause automatisch bereits die Hälfte fehlte. Von einer Ruhepause konnte hier keine Rede sein! Kam man nicht früher aus der Pause zurück um die Weiterarbeit vorzubereiten, stieß das auf spürbares Missfallen.

Natürlich sollte man auch morgens bereits deutlich früher da sein, um die täglichen Aufgaben bereits im Vorfeld vorzubereiten. Nur 10 anstatt 20 oder 25 Minuten früher da zu sein war ein Verbrechen, auf das mich selbst Mitarbeiter auf sehr unangenehme Weise ansprachen. Schnell kam man sich vor wie das größte Kollegenschwein, denn schließlich waren alle anderen so viel früher da gewesen als ich.

Hatte ich es geschafft, schon nach wenigen Wochen einen schlechten Eindruck zu hinterlassen, nur weil ich mich nicht mit Freude und Selbstverständlichkeit für den Betrieb aufopfere? Weil ich arbeite um zu leben und nicht lebe um zu arbeiten?

Die Chefin, ebenfalls in die betrieblichen Abläufe involviert, genau wie ihr Mann, verlangten am Sprechgerät, über das sie sich jederzeit in jeden beliebigen Büroraum zuschalten konnten, auf eine ganz bestimmte Weise mit Nachnamen angesprochen zu werden. Die Dame des Hauses war auch diejenige, die jeden Nachmittag auf ihre Tasse Kaffee mit zwei Keksen bestand, die irgendjemand ihr pünktlich servieren musste. Aber natürlich gab es dafür Regeln! Eine bestimmte Tasse, bloß kein Tropfen zu viel oder zu wenig ihrer Lieblingsmilch und die Kekse auf eine bestimmte Weise neben der Tasse angeordnet. War das nicht der Fall, war schnell der Teufel los und ich komme heute nicht umher mich zu fragen, ob sie einen ähnlichen Sprung in die Schüssel hatte, oder wahrscheinlich immer noch hat, wie mein Lieblingsteller, der mir neulich beim Abwasch flöten ging.

Ein alter Kollege sollte systematisch aus dem Betrieb gemobbt werden, klagte allerdings und bekam, oh Wunder, Recht. Er gewann den Prozess. Das Unternehmen musste ihn weiter beschäftigen. Für ihn ohne Frage eine große, psychische Belastung. Zu wissen, so kurz vor der Rente wahrscheinlich keinen neuen, passenden Job mehr zu finden und deswegen in die Höhle der Schlangen zurück zu müssen, in der man bereits viel zu lange wie der letzte Dreck behandelt worden war.

Jedenfalls war man sich für keine Schikane zu schade und setzte den wirklich herzensguten, zuvorkommenden, älteren Mann mutterseelenallein in ein einsames Zimmer im obersten Stockwerk, fernab aller anderen Kollegen, die sich im Erdgeschoss aufhielten. Er betreute von dort aus einen kleinen Kundenstamm und hatte nur wenig Kontakt zu allen anderen.

Ich allerdings stattete ihm immer gern Besuche ab, denn seine ehrliche, freundliche Art tat mir in diesem sonst so ekelhaften und belastenden Umfeld wirklich gut. Er war ein erfahrener Mann, sowohl lebenserfahren als auch jobtechnisch, sehr ruhig, besonnen und immer einen guten Rat und trotz allem ein Lächeln auf den Lippen.

Irgendwann kam ich an den Punkt, an dem ich ihn tatsächlich um seinen Platz fernab aller anderen beneidete, denn das Klima im Erdgeschoss wurde schlimmer. Und die Vorstellungen von Chef und Chefin auch. (Natürlich durfte ich nicht zu ihm ins Büro oder wenigstens ins gleiche Stockwerk umziehen. Wo denkst du hin? Schließlich hätte ihm das ja wahrscheinlich gut getan und das war natürlich nicht gewünscht.)

Wichtige Arzttermine, auf die bereits im Vorfeld rechtzeitig hingewiesen und die bereits abgenickt worden waren, waren plötzlich Arbeitszeit, die nachgeholt werden sollte.

Tarifverträge können abweichende Regelungen vorsehen aber normalerweise, wie auch in diesem Fall, muss der Arbeitgeber für die Zeit des Arztbesuches den Mitarbeiter weiter bezahlen (und ihn freistellen natürlich). Das gilt dann, wenn der Arzt keine anderweitigen Termine zu vergeben hat, die außerhalb der Arbeitszeit wahrgenommen werden können. Faktisch ist das bei fast jedem Bürojob mit 8 Stunden täglicher Arbeitszeit der Fall. Morgens vor Antritt der Arbeit haben Ärzte oft ebenso geschlossen wie Abends nach Beendigung der Arbeit, erst recht, wenn wie hier verlangt wird länger zu bleiben. Schnell kam man sich schikaniert und ausgenommen vor.

„Ordnung schaffen" sollte man an einem eigentlich freien Tag. Dazu wurde verlangt, einen Tag des Wochenendes zu opfern und in den Betrieb zu kommen, um dort zu helfen, einmal ordentlich klar Schiff zu machen. „Ihr könnt mir mal den Buckel runter rutschen", dachte ich mir und ließ den anderen stillschweigend den Vortritt. Niemand hat mich an besagtem Tag dort gesehen. Natürlich wäre dieser Tag auch nicht extra vergütet worden und gehörte einfach zum guten Ton. Wer an diesem Tag wirklich dort mitarbeitete und sich darauf eingelassen hat, kann ich nicht sagen. Niemand verlor ein Wort darüber aber ich bin sicher, zu diesem Zeitpunkt war mein Ansehen bereits ordentlich angeknackst.

Neben Aufgaben, für die ich gar nicht die Befähigung hatte, über ständige, teilweise lächerliche Kontrollen von „Chefs Lieblingen", die aus Mangel anderer Lebensinhalte im privaten Raum, einzig für den Betrieb und teilweise gesetzeswidrige Vorstellungen lebten, gab es glücklicherweise eine Kollegin, mit der ich all meine Sorgen und Gedanken teilen konnte. Eine unter all den anderen, mit der ich einigermaßen auf einer Wellenlänge lag. Diejenige, die so was wie ein kleiner Anker im großen Ozean war und der Grund, wenigstens hin und wieder lächeln zu können. Auch ihr war es mit einem Arzttermin bereits einmal so ergangen wie mir.

Auch so war ich bereits an einem Punkt, an dem ich abends nicht einschlafen wollte aus purer Angst vor dem kommenden Tag. Der Gedanke daran, am nächsten Morgen erneut in dieses Büro zu müssen, verursachte mir Magenschmerzen und ein Gefühl, das ich meinem schlimmsten Feind nicht wünsche.

Heute weiß ich: Wenn bereits die Fahrt zur Arbeit dir vorkommt wie der Weg zu deiner eigenen Hinrichtung, dann beende diesen Zustand so lange du noch die Kraft hast. Beende es, so lange du noch Herr deiner Sinne bist und dir ehrlich und aufrichtig sagen kannst (und auch bewusst bist): Das habe ich nicht verdient! Ich bin besser als das!

Denn je länger dieser unhaltbare Zustand andauert und an dir nagt, desto schwieriger wird es, die Stimme zu erheben und „Stopp!" zu sagen.

Natürlich weiß ich, dass nicht jeder den Luxus hat, ein Arbeitsverhältnis einfach zu beenden. Aber auch hier ist es notwendig zu handeln, so lange die Energie dafür noch vorhanden ist. Stellen suchen, Möglichkeiten sondieren, eventuell Hilfe bei der Agentur für Arbeit suchen, falls nach der Kündigung ALG 1 beantragt werden soll. Ja, erfahrungsgemäß kann die Agentur für Arbeit sehr kulant sein, wenn der Job aufgrund unhaltbarer Zustände selbst gekündigt wird. Hier kann es jedoch notwendig sein, sich die psychische Belastung ärztlich bescheinigen zu lassen um auf Nummer sicher zu gehen, denn ansonsten zahlt die Agentur nur bei Kündigung seitens des Arbeitgebers.

Ich habe diesen Moment, in dem es mir vielleicht noch möglich gewesen wäre meinem Unmut Luft zu machen, verpasst. Ich habe zu viel geschluckt, wie immer, und wurde krank.

Ich war fertig, vollkommen am Boden und kraftlos, doch auf der anderen Seite war das Verständnis meines Arztes und die Krankschreibung bis Ende des Monats eine der größten und schönsten Erleichterungen, die ich seit langem verspürt hatte.

Leider blieben in dieser Zeit Anrufe meines Chefs nicht aus, den ich einfach immer wieder so knapp wie möglich vertröstete, ohne ihm zu viel Auskunft zu geben. Als meine Krankschreibung verlängert wurde, folgte ein letzter Anruf, in dem er mich fragte, ob ich kündigen werde. Er wusste längst, oder ahnte wenigstens, dass ich nicht wiederkommen würde. Ich verneinte, aber bot ihm dreist an, doch einfach mir zu kündigen, damit ich auf jeden Fall keine Probleme mit der Agentur für Arbeit bekäme.

Erstaunlicherweise reagierte er relativ gelassen, was mir zeigte, dass ihm am meiner Arbeitskraft nicht besonders viel liegen konnte. Die Mitarbeiterfluktuation in diesem Betrieb war ohnehin extrem hoch gewesen. Anormal! Kein Wunder. Vielleicht war er auch mittlerweile bereits daran gewöhnt, doch anstatt sich die Frage nach dem „Warum?“ zu stellen und vielleicht zu der Erkenntnis zu gelangen, endlich etwas ändern zu müssen, nahm er die Umstände einfach locker als gegeben und offenbar normal hin. Jedenfalls dauerte es keine paar Tage bis ich eben jene Kündigung in meinem Briefkasten hatte und weißt du was? Es war ein tolles Gefühl!

Nicht so toll dagegen empfand ich die Frechheit, mit der mein Ex-Chef noch einmal ordentlich nachtrat. Denn anstatt einfach die Zeit bis zum Ende meines Beschäftigungsverhältnisses zu bezahlen, wie es sich gehört, zitierte er mich zum MDK, dem *Medizinischen Dienst der Krankenversicherung*, weil er meine Krankheit und damit die Richtigkeit der Krankmeldung offen anzweifelte. Aber nicht beim MDK in meiner Nähe, nein. Wenn schon, dann sollte ich auf jeden Fall 90 Kilometer (einfache Strecke natürlich!) bis in die Pampa fahren, damit es für mich noch einmal maximal unbequem wurde.

Leider, zu seinem großen Pech, und hier hätte ich wirklich viel gegeben um sein Gesicht sehen zu können, verkündete nach einem kurzen Gespräch der Arzt des MDK sein vollstes Verständnis und seine Unterstützung, festgehalten in einer eindeutigen Diagnose und einem Bericht, der die Richtigkeit meiner Arbeitsunfähigkeit eindeutig bescheinigte. Mein Ex-Chef musste zahlen. Und das tat er, denn es blieb ihm nichts anderes übrig.

Ich hörte nie wieder von ihm aber das Arbeitszeugnis, das mich später erreichte, war überraschend positiv, wenn auch vollkommen unbrauchbar für mich und meinen weiteren Werdegang. War das Zeugnis die Entschuldigung für seine Zweifel und seine miese, letzte Nummer? Keine Ahnung und ehrlich gesagt ist es mir heute auch vollkommen schnuppe!

KAPITEL 4:

SCHLIMMER GEHT IMMER

Was danach folgte war eine kleine Übergangsphase mit dem langweiligsten Minijob meines Lebens, der mir gekündigt wurde, weil ich aus purer Langeweile das Internet nach Unterhaltung durchforstete. Meistens einfach Google, Twitter oder mal die Nachrichten.

Naja *fast* war das der Grund. Grund war nämlich eigentlich die schlichte Tatsache, dass ich meinen Browserverlauf nach jedem Arbeitstag brav löschte, mein Chef das bei der Kontrolle meines Notebooks feststellte und der Meinung war, er könne mir nicht vertrauen. Als wäre ich eine Schwerverbrecherin, die ihre düsteren Vergehen im Darknet zu vertuschen versuchte. Da die Tätigkeit in seinem eigenen Wohnhaus ausgeübt wurde, wollte er ganz sicher keine furchtbare und nicht kalkulierbare Gefahr wie mich, ich Unmensch, in seiner und der Nähe seiner Familie wissen. Witzig, aber keine weitere Erwähnung wert und ganz ehrlich? Ich war nicht böse drum. Ein mehr als seltsamer Mensch, über den ich noch heute oft müde schmunzelnd den Kopf schüttle.

Die Entscheidung, die ich dann traf, ist die, um die es in diesem Kapitel eigentlich gehen soll.

Ich kam auf die glorreiche Idee, nachdem nach meiner Ausbildung nun einige Zeit vergangen war, dass es ein Versuch wert sein könnte, wieder in einer Kanzlei Fuß zu fassen. Ich hatte außerhalb der Kanzlei ins Klo gegriffen und vielleicht einfach nur wahnsinniges Pech gehabt. Außerdem war seit meiner Ausbildung offenbar genug Zeit ins Land gezogen, um mich vergessen zu lassen, was mich damals an genau diesem Beruf so sehr gestört hatte. Andererseits, wenn ich mich nun für einen Job in meinem eigentlich erlernten Beruf entschied, hatte das nichts mehr mit den Arbeitsbedingungen wie zu Ausbildungszeiten zu tun. Nichts mehr mit Kaffee kochen, Akten sortieren und Kolleg:innen, die einen Grund hatten, sich für etwas Besseres zu halten als die kleine, ahnungslose Azubine. Oder? ... Oder?!

Ich war so unglaublich naiv! Und wieder ignorierte ich die ersten Warnsignale! (Joyce, wie dumm bist du eigentlich?)

Fest stand, dass ich von Anfang an nur die zweite Wahl für die offene Stelle in der Anwaltskanzlei gewesen war. Die ursprünglich favorisierte Kollegin (Ich wünsche ihr, dass sie einen guten, anderen Job finden konnte) hatte im Gegensatz zu mir den Punkt für den rechtzeitigen Absprung noch geschafft und sich gut daran getan, auf ihr Bauchgefühl zu hören, wie ich vermute. Da die Stelle dringend besetzt werden musste und der dauerhafte Ersatz für eine Kollegin sein sollte, die gerade Mutter geworden war, blieb ihnen nichts anderes üblich als mich so schnell wie möglich einzustellen.

Der Platz und die Aufgaben schienen im ersten Moment tatsächlich recht dankbar. Mehr oder weniger im Eingangsbereich, als direkte Ansprechpartnerin für Mandanten und Besuch, sowohl von Angesicht zu Angesicht als auch am Telefon.

Das Gesicht der Kanzlei. Irgendwie ein Kompliment und ich hoffe es nimmt mir niemand übel, wenn ich heute ehrlich sage, dass keine der anderen beiden Vollzeitkräfte die optischen Eigenschaften mitgebracht hätte, die sich Chef und Chefin wahrscheinlich für die Mitarbeiterin auf diesem Platz gewünscht hatten. Das ist keine Arroganz, sondern eine einfache Feststellung der Tatsachen. Es war offensichtlich, dass für diese Position eine jüngere, adrette Mitarbeiterin gewünscht war, die sowohl frischen Wind, als auch Offenheit, Freundlichkeit und Kompetenz, ausstrahlte. All das konnte ich recht gut, im Gegensatz zu meinen beiden Kolleginnen, die zwar ordentlich Erfahrung auf dem Buckel hatten und wahrscheinlich von kaum etwas noch überrascht werden konnten, dafür aber den Eindruck der klassischen Bürohexen machten. Du weißt schon. Diese Art Frau, die man freiwillig lieber nicht anspricht, weil man bereits hinter dem ersten Eindruck eine beißende, forsche Stimme vermutet, die sofort den Wunsch in einem weckt, das Weite zu suchen. Deren Blick sich eiskalt in deine Seele bohrt und du automatisch Abstand nimmst. Nicht unbedingt die Erfahrung, die Mandanten bei ihrem vielleicht sogar ersten Kontakt mit einem Anwaltsbüro machen sollten.

Es dauerte nicht lange bis sich das erste Bild, welches ich mir von den Kolleginnen gemacht hatte bestätigte und die eine schlimmer als die andere entlarvte. Gerade in kleineren Büros und Betrieben ist es oft nur eine der Kolleginnen und Kollegen, die einem das Leben so richtig zur Hölle macht. Diese eine Person, die man so gut es geht zu meiden versucht. Wann immer es dann zu einer Eskalation kommt, erinnert man sich siedend heiß daran, warum. Diese eine Bürohexe. Die in diesem Fall frustrierte, ältere Kollegin, die all ihren Unmut mit an den Ort schleppt, an dem sie sich am besten auskennt: Den Betrieb!

Ganz klar. Hier hat sie die meiste Zeit ihres Berufslebens verbracht, sogar mehr als gefordert gewesen wäre wahrscheinlich, kennt jeden noch so kleinen Winkel des Büros und hat so ziemlich jede wahrscheinliche und unwahrscheinliche Geschichte mindestens 100 mal gehört. Sie weiß alles, kennt jeden und niemand kann ihr das Wasser reichen. Zumindest denkt sie das und lässt keine Gelegenheit aus, es neuen Mitarbeiter:innen zu verdeutlichen. Das ist scheinbar ihr Lebensinhalt und das, was ihr ein richtig gutes Gefühl gibt.

Leider kennt sie sich ein wenig *zu* gut mit den betrieblichen Abläufen aus, denn ihre Scheuklappen sind absolut blickdicht und lassen nicht den kleinsten Ausblick über den Tellerrand hinaus zu. Die Wahrheit ist, dass ihr Urteilsvermögen deutlich eingeschränkt ist, denn wie könnte sie andere, gerade neue, Kolleg:innen objektiv bewerten, wenn ausnahmslos jeder neben ihr wie ein kleines Würmchen untergeht? Jedenfalls ist das ihrer Meinung nach so.

Andernfalls ist auch nicht zu erklären, warum sie auf kleinste Nachfragen teilweise regelrecht genervt, ja beinahe schon aggressiv, reagiert, als müsste sie einem Kleinkind zum 50. mal dabei helfen, den Löffel zum Mund zu führen. Anders ist nicht zu erklären, warum jeder Arbeitsschritt, der von ihrer eigenen Vorgehensweise abweicht, zu einem Tobsuchtsanfall führt, denn wie kann jemand es wagen, eigene Strukturen für seine zu erledigende Arbeit zu finden? Wie kann jemand auch nur daran denken, etwas anders zu tun als sie? Vielleicht sogar anders als sie es zuvor erklärt hat, was in ihren Augen das nächste Level der Unverschämtheit ist, mehr noch dann, wenn die eigene, neue Vorgehensweise deutlich sinniger erscheint als die der Tyrannin. Innerhalb weniger Minuten kann man es schaffen, den Zorn der Hexe auf sich zu ziehen. Ab diesem Moment wird es so richtig ungemütlich!

Dazu muss ich sagen: Ja, sie musste mir gerade am Anfang oft helfen und mich einarbeiten. Ich, eine Kollegin die nach ihrer Ausbildung nicht weiter im gelernten Beruf gearbeitet hat und dadurch nur wenig Praxiserfahrung vorweisen konnte, zumal in jedem Büro und in jeder Kanzlei mit anderer Software und anderen Methoden gearbeitet wird, in die man sich gegebenenfalls erst rein fuchsen muss.

Keine Zauberei, aber die Hilfe von erfahrenen Kolleg:innen ist durchaus wichtig und willkommen. Da kommt es schon mal vor, und so sollte es auch sein, dass man einfach offen nach Hilfe, Rat oder einfach nur einer Einschätzung fragt.

Was in der ersten Zeit noch okay war und von der Despotin als normal eingestuft wurde, wurde innerhalb wahnwitzig kurzer Zeit für sie zu einem lästigen Übel. Ein Umstand, den sie mich deutlich spüren ließ, selbst dann, wenn ich Dinge zum aller ersten mal machte und einfach nicht wissen konnte. Sie reagierte extrem ungehalten und frech auf einfache, höfliche Nachfragen. Manchmal ließ sie mich sogar absichtlich einfach ohne Hilfe im Regen stehen, obwohl sie meine offizielle Ansprechpartnerin bei allen Problemen und Fragen war. Konnte ich dann aufgrund fehlender Hilfe oder Einarbeitung nicht weiterarbeiten, wartete sie nur darauf mit ansehen oder hören zu können, wie meine Vorgesetzten sich negativ über mich äußerten. Glücklicherweise sollte sie diese Genugtuung nicht allzu oft verspüren. Ich wette, das stieß ihr sauer auf.

Schnell stellte sich eine gewisse, grundlegende Angst ein, die jeden Tag und bei jener Handlung in der Kanzlei mitschwang. Ich rechnete jeden Moment mit einem Vulkanausbruch seitens der Bürodiktatorin, wegen irgendeiner blöden Nichtigkeit, die ihr nicht schmeckte oder die sie nervte. Heiße Lava, die sich in mein ohnehin bereits angeknackstes Gemüt ergoss und Narben hinterließ, die mich an einen Punkt brachten, der mir nur allzu bekannt vorkam.

Dieser Moment abends im Bett, mit Bauchschmerzen, allein bei dem Gedanken an den kommenden Tag. Ja, genau hier war ich schon einmal gewesen und das, obwohl ich mir wie immer alle Mühe gab, die immer freundliche, zuvorkommende und unauffällige Kollegin zu sein, die alles tat um möglichst nicht anzuecken. Ich beteiligte mich sogar höflich lächelnd an Gesprächen, die mich eigentlich nicht die Bohne interessierten. Ich versuchte mich zu verbiegen, um zu gefallen.

Immer öfter stellte ich mir die Frage, was ich falsch machte. Sicher ist niemand perfekt und es ist nicht möglich, überall von allen gemocht zu werden. Doch es konnte doch verdammt nochmal nicht wahr sein, dass ich immer wieder an diesen Punkt gelangte, an dem die Tür des Bürogebäudes sich anfühlte wie der Eingang zur Hölle. Es konnte doch nicht sein, dass ich, die im Betrieb wahrscheinlich stillste und friedensliebendste Person, immer wieder mit Situationen konfrontiert wurde, die mich daran zweifeln ließen, überhaupt in irgendeiner Weise für die Arbeitswelt geschaffen zu sein. Was um Himmels Willen sollte ich denn noch tun? Oder war das, was ich nun schon wieder erlebte, einfach traurige Realität in der Arbeitswelt? War es einfach nötig, ein derart dickes Fell zu haben, dass derartige Situationen und Menschen einen nicht berühren? Und wenn ja, wie sollte das gehen?

Immer mehr verstand ich, weswegen so viele Menschen Probleme mit ihrem Alltag haben. Warum es vielen Menschen so schlecht geht und sie sich chronisch missverstanden und überfordert fühlen. Weil es eben nicht selbstverständlich und so einfach ist, jedwedes Arschlochverhalten jeden Tag von sich abprallen zu lassen. Weil eben nicht jeder Mensch das kann.

Menschen und Gemüter sind verschieden. Einigen Menschen fällt es leicht, anderen sehr schwer. Manche Menschen gehen kaputt, wenn sie immer wieder diesem unfairen Verhalten anderer ausgesetzt sind, gegen das sie sich nicht effektiv wehren können. Ich verstehe es. Denn in einer Gesellschaft, in der die Grundvoraussetzung für Akzeptanz ist, um jeden Preis zu funktionieren, gehen sensible Menschen mit Empathie oft unter. Eigenschaften, die wir eigentlich sehr positiv bewerten sollten, werden plötzlich als Schwäche gesehen, die uns im Alltag, vor allem im Arbeitsalltag, ausbremst.

Lass dir gesagt sein: Empathie, Sensibilität in einem gesunden Rahmen, Gerechtigkeitssinn, Fairness anderen gegenüber, all diese Dinge, sind immer noch etwas Gutes! In der heutigen Zeit mehr denn je. Menschlichkeit ist etwas Gutes, auch wenn wir immer wieder auf Personen treffen werden, die genau das zu ihrem Vorteil ausnutzen wollen.

Vor allem in der Arbeitswelt entsteht oft der Eindruck, dass nur derjenige weiter kommt, der entweder an der richtigen Stelle die größten Schleimspuren hinterlässt, oder der, der mit allen möglichen und unmöglichen Mitteln, zur Not auch mit den Ellenbogen, die eigenen Interessen ohne Rücksicht auf Verluste durchsetzt.

Mir war aber schon immer klar, dass ich niemals enden möchte wie die alten Büromuttis, Tyrannen und Menschen, die ihr Leben für die Anerkennung im Betrieb aufgeben. Nur über meine Leiche!

KAPITEL 5:

RÜCKZUG

Nachdem eine Praktikantin in der Kanzlei anfing, die überlegte, hier im Anschluss ebenfalls eine Ausbildung zur Rechtsanwaltsfachangestellten zu machen, wurden auch meine Aufgaben ein wenig stupider, denn ich wurde dazu abgestellt, viel mit ihr gemeinsam zu arbeiten. Nicht, dass mich das an dieser Stelle sonderlich gestört hätte, denn gedanklich war ich längst vielmehr damit beschäftigt, zu kalkulieren, wie lange ich es in dieser Kanzlei noch aushalten würde. Das Gute war, dass wir uns recht gut verstanden. Besonders nachdem die Praktikantin sehr schnell ihre eigenen Erfahrungen mit den wirklich belastenden Launen unserer Bürohexe machen durfte, hatten wir zumindest einander, um uns Halt zu geben.

Vordergründig könnte man sagen, dass ich durch sie vielleicht länger in der Kanzlei geblieben bin, zumindest ein wenig, als ich es ursprünglich vorgesehen hatte und als ich mir selbst zugetraut hätte. Dass ich durch sie wieder einen Lichtblick im oft tristen Büroalltag mit all dem Stress und Ärger hatte. Wir waren Leidensgenossinnen, im wahrsten Sinne des Wortes, auch wenn sie die Attacken der Hexe deutlich besser wegsteckte als ich. Ich bewunderte sie dafür. Sie blieb höflich und still, machte auch viel mit, jedoch nur bis zu einem gewissen Punkt. Sie traute es sich, wenn dieser Punkt einmal überschritten war, sich umzudrehen und die Hexe einfach mit dummem Blick stehen zu lassen.

Ich erinnere mich an eine Situation, in der meine Leidensgenossin so wütend über die herablassende Art und das ätzende Gekeife, natürlich wegen absoluten Nichtigkeiten, war, dass sie förmlich explodierte. Sie fuhr die Hexe offen vor allen anderen an, sagte ihr ordentlich und mit erhobener Stimme die Meinung und ließ sie dann einfach eiskalt im Regen stehen. Diesen Gesichtsausdruck werde ich niemals vergessen und ich feiere diesen Moment bis heute, denn wahrscheinlich hatte die Hexe so etwas noch nie, oder zumindest schon lange nicht mehr, erlebt. Sie war wie vom Blitz getroffen, mit einer Mischung aus Schock und blanker Wut in ihren Augen.

Tatsächlich machte mir diese Situation und die Erinnerung an diesen einen, kleinen Moment wirklich Mut, denn einige Tage lang war es wirklich sehr friedlich in der Kanzlei. Sogar unsere Chefin stimmte uns nach diesem Vorfall zu, dass die Hexe oft ein wenig eigen sei. Dieses Problem sei bekannt. Auch die letzte Auszubildende der Kanzlei hatte unangenehme und belastende Erfahrungen gemacht.

Ich wurde hellhörig. Warum? Weil ich genau wusste, wer diese letzte Auszubildende war! Sie gehörte zu meinem Ausbildungsjahrgang. Wir hatten nie viel Kontakt gehabt, aber es war klar, was zu tun war, um mehr über die Hexe zu erfahren und vielleicht ein wenig Bestätigung zu bekommen. Bestätigung, dass es nicht an mir und uns lag, sondern an der Hexe.

Ich schrieb mein ehemalige Ausbildungskollegin, wie ich sie liebevolle nenne, die mittlerweile einen anderen Job hatte (Kein Wunder, wer würde hier auch länger bleiben wollen als er muss?), über Facebook mit meinem konkreten Problem an und die Antwort kam prompt.

Sara, wie ich die ehemalige Auszubildende hier einfach mal nenne, hatte über 3 Jahre lang den Horror ihres Lebens in dieser Kanzlei mitgemacht. Regelmäßig war sie fiesen und unfairen Angriffen der Hexe ausgesetzt gewesen. 3 Jahre lang, so beschrieb sie mir, war sie mit Bauchschmerzen zur Arbeit gekommen. Sie wusste genau wie es uns ging, kannte die Eigenheiten der Hexe gut und erkannte sich in meinen Beschreibungen und Gefühlen exakt wieder. Es war deutlich herauszulesen, wie froh sie war, dass diese Zeit ihres Lebens ein Ende hatte. Der Tag, an dem sie die Kanzlei nach der Ausbildung verlassen konnte, musste eine unglaubliche Befreiung für sie gewesen sein.

Weißt du, was es mit einem jungen Menschen machen kann, einen solchen Start ins Berufsleben zu haben? Wie es sich anfühlt, wieder und wieder schlechtgemacht zu werden? Wie es ist, zu denken, keine Fehler machen zu dürfen, aus purer Angst vor dem nächsten Ausraster der Hexe, die auch noch maßgeblich für die Betreuung von Azubis und neuen Mitarbeitern zuständig ist, ohne überhaupt den Hauch einer entsprechenden, sozialen Kompetenz zu besitzen?

Letzteres halte ich tatsächlich für das Schlimmste. Das Gefühl, keine Fehler machen zu dürfen, ist unbeschreiblich belastend. Und das, obwohl Fehler vollkommen menschlich sind und besonders in der Ausbildung beinahe schon erwartet und damit ganz selbstverständlich erlaubt sein sollten.

Ständige Angst, die einem im Nacken sitzt. Dauerstress durch die enorme Anspannung, den ganzen Tag lang. Dass genau diese Angst und dieser Dauerstress dann wiederum erst recht zu Fehlern führt, weil die Konzentration schnell rapide nachlässt und der Körper und alle Gedanken nur auf das nagende Gefühl der Panik fixiert sind, liegt auf der Hand. Das bedeutet im Umkehrschluss, dass die Ausbrüche der Hexe niemals ein Ende finden. Es ist ein Teufelskreis, aus dem es scheinbar kein Entkommen gibt.

Sara war übrigens mehrfach durch die Abschlussprüfung gefallen. Ich bin der festen Überzeugung, das sie alles andere als unfähig oder dumm war, ganz im Gegenteil. Ich vermute, dass sie psychisch nach so langer Dauerbelastung derart am Boden war, dass es ihr unmöglich war, noch in irgendeiner Weise die Leistung zu erbringen, die für das Bestehen nötig gewesen wäre, trotz allen Fachwissens, das mit absoluter Sicherheit vorhanden war.

Ich wünsche ihr, dass sie sich von diesen Jahren gut erholen und ihren Weg finden konnte. Dass es ihr nicht den Mut und das Selbstbewusstsein genommen hat, weiterzumachen. Besonders, wenn solche Erfahrungen ganz zu Anfang des

Berufslebens gemacht werden, besteht die Gefahr, dass dieser schlechte Eindruck sich in den Gedanken und in der Seele festfrisst und jeden neuen Job nur umso schwieriger macht.

Ich für meinen Teil fühlte mich bestätigt, aber natürlich änderte es nichts an den Gegebenheiten vor Ort, im Büro.

Ich ging mit einem schrecklichen Gefühl zur Arbeit. Die Angst, abends einzuschlafen, weil dann der nächste Morgen viel zu schnell kommen würde, machte mich fertig. Ich schlief schlecht, hatte morgens Kopf- und Bauchschmerzen. Die Fahrt zur Arbeit wurde zu den längsten 30 Minuten meines Lebens. Oder, wenn ich ehrlich bin, eigentlich zu den kürzesten, denn ich wünschte mir, niemals dort ankommen zu müssen. Ich wünschte mir, einfach an der Kanzlei vorbei und wieder Nachhause zu fahren. Oder irgendwo anders hinzufahren, weit weg. Ich überlegte, in der Kanzlei anzurufen und zu behaupten, mit dem Auto liegengeblieben zu sein, traute mich aber nicht.

Mein Gedankenkarussell hörte nicht auf sich zu drehen. Ich dachte über Optionen nach, wieder und wieder, verwarf sie aber alle. Ich spielte in Gedanken den Tag im Büro durch. Was könnte bestenfalls passieren, was schlechtestenfalls? Wie würde die Hexe heute drauf sein? Was würde passieren? Ich wusste, dass jede Minute in dieser Kanzlei eine Qual werden würde und die Tatsache, dass meine Chefin eine Anwältin war, die über Leichen ging wenn es sein musste, und ich diejenige war, die diese wirklich hässlichen Schreiben, die Menschenleben im Handumdrehen zerstören können, schreiben musste, war schon lange ein Nebenschauplatz geworden.

Ja, tatsächlich kannte ich so etwas aus meiner Ausbildungszeit nicht. Ich war Höflichkeit und Kulanz den Mandanten gegenüber gewohnt. Hier schien das allerdings nicht immer der Fall zu sein.

Ich erinnere mich an einen konkreten Fall, in dem ein Mandant den Rechtsbeistand wechseln und damit das Mandat in unserer Kanzlei aufgeben wollte. Zur Info: In Deutschland herrscht freie Anwaltswahl. Das ist also überhaupt kein Problem und nicht der Rede wert. Falls bereits ein neuer Anwalt gewählt wurde, können Unterlagen aus den Akten ohne Weiteres an den neuen Anwalt übermittelt werden. Andernfalls werden dem Mandanten alle wichtigen Unterlagen aus den Akten ausgehändigt und die bisher erbrachte Leistung abgerechnet. Damit ist die Angelegenheit erledigt. Eigentlich.

Meine Chefin fühlte sich nämlich derart in ihrem Stolz gekränkt und sprach offen darüber, wie sehr sie sich doch betrogen und hintergangen fühlte, nur weil ihr Mandant sich an eine neue Kanzlei gewandt hatte, dass sie ihm eine Rechnung stellte, die sich gewaschen hatte. Es wurde alles abgerechnet, was sich irgendwie an den Haaren herbei ziehen ließ, meiner Meinung nach.

Natürlich dürfen Anwälte nicht einfach abrechnen, was und wie viel sie wollen. Sie sind dabei an eine Gebührenordnung gebunden. Aber innerhalb dieses Spielraums wurde wirklich jede irgendwie mögliche Position maximal gewinnbringend abgerechnet. Dazu muss erwähnt sein, dass es sich bei dem Mandanten um einen geschiedenen Familienvater mit einer langen Leidensgeschichte und finanziellen Schwierigkeiten handelte, der diesen Betrag niemals auf einen Schlag hätte aufbringen können. Eine Ratenzahlungsvereinbarung wurde ihm aber selbstverständlich nicht angeboten. Der Betrag sollte sofort bezahlt werden. Alles. Ich bin sicher, dieses unfaire Verhalten, einzig falschem Stolz geschuldet, hat das Leben dieses armen Mannes endgültig zerstört. Aber das war nur eine kleine

Geschichte am Rande neben all dem anderen Elend im Büro.

Es kam der Tag, an dem es mir morgens so schlecht ging, dass ich meinen Mann, damals noch Freund, bat, für mich in der Kanzlei anzurufen und mich krank zu melden. Zu diesem Zeitpunkt war ich bereits mit dem Auto auf dem Weg ins Büro. Ich rief ihn also von Unterwegs aus an und erklärte ihm, wie hundeelend ich mich fühlte. Ich war an einem Punkt angekommen, an dem ich den letzten Kilometer bis zur Arbeit nicht mehr überwinden konnte. Er tätigte den Anruf für mich. Ich drehte um und fuhr wieder zurück nach Hause.

Ich denke, es ist gut nachvollziehbar, dass mein Antritt in der Kanzlei nach diesen Krankentagen noch schlimmer war als alles, was ich zuvor erlebt hatte? Der Gang zurück in die Kanzlei fühlte sich an wie der Weg zur Hinrichtung.

In diesem Moment setzte bei mir ein gewisser Lerneffekt ein. Ich verstand, dass die Krankmeldung nur eine temporäre Lösung ist, denn all das, was danach kommt, ist noch um ein Vielfaches schlimmes als das, was man zuvor erlebt hat. Schon der Tag, an dem die Krankmeldung endet, ist schlimmer als ich hier in Worte fassen könnte.

Allerdings hatte es auch etwas Gutes, selbst wenn es unvorstellbar schwer war. Ich erzählte meinen Vorgesetzten davon, wie schlecht es mir psychisch ging. Ich überwand mich zu ehrlichen, klärenden Worten.

Dass ich nicht auf großes Verständnis stieß, ist wohl klar. Ehrlich gesagt schenkte er mir sogar einen Blick, der mich so extrem unwohl fühlen ließ, dass ich meine offenen Worte schnell bereute. Dabei war ich ein paar Wimpernschläge zuvor noch wirklich stolz auf mich gewesen.

Wahrscheinlich war auch genau das der Grund dafür, dass eine zweite Krankmeldung nicht lange auf sich warten ließ. Es war ein Krankenstand, aus dem ich nicht wieder zurück kam. Nicht zurück in die Kanzlei. Nie wieder. Auf Nimmerwiedersehen und schönes Leben noch!

KAPITEL 6:

REKAPITULATION

Manchmal braucht man einfach eine Auszeit. Wir sind Menschen, keine Maschinen. Ab und an, vor allem nach mehreren, schlimmen Erlebnissen, fühlt man sich so ausgelaugt, dass man das Gefühl hat, einfach nicht mehr weiter machen zu können. Ich für meinen Teil fragte mich sogar, ob ich in meinen Leben jemals einen Arbeitgeber finden würde, in dessen Betrieb ich mir nicht innerhalb kürzester Zeit vorkomme wie auf der Folterbank.

Ich habe eine Weile gebraucht, um zu verstehen, dass es in Ordnung ist, sich solchen Gedanken hinzugeben. Es ist sowohl in Ordnung, eine Auszeit brauchen, als auch ein wenig in Selbstmitleid zu versinken während dieser Phase. Wichtig ist nur, dass du aus deinem Loch wieder rauskommst, indem du dir klar machst: Du bist nicht Schuld an dem, was dir passiert ist! Das gilt übrigens für eine Menge andere Lebensbereiche ebenfalls.

Du bist nicht Schuld daran, dass die Tratschmuttis dein offensichtlich so viel spannenderes Leben als ihrer liebstes Thema auserkoren haben, mit dem sie den Buschfunk innerhalb der Firma ordentlich anfeuern. Macht ja auch allen echt Spaß. Allen, außer dir!

Du bist nicht Schuld an den Wutausbrüchen und Attacken der Bürohexe, die wahrscheinlich Zuhause und in ihrer Beziehung nichts zu sagen hat und all ihren Frust an dir auslässt, weil du ein für sie gerade gut zu erreichendes Opfer bist und sie sich besser fühlt, wann immer sie zeigen kann, dass sie zumindest eine einzige Sache in ihrem Leben unter Kontrolle hat: Ihre Arbeit und ihre Kollegen. Sehr traurig übrigens.

Du bist nicht Schuld daran, dass deine Vorgesetzten in ihrer grenzenlosen Betriebsblindheit denken, du hättest dich in dieser Firma beworben, weil du die Arbeit hier als das absolute Nonplusultra und die beste und ausfüllendste Lebensaufgabe der Welt hältst.

Ja, das ist wirklich ein Thema und etwas, das ich über die Jahre oft beobachtet und analysiert habe. Diejenigen, die das Sagen in einem Betrieb haben, denen der Betrieb vielleicht sogar gehört, haben oft am aller wenigsten Ahnung davon, wie sich ihre Mitarbeiter:innen fühlen. Sie haben das Gespür dafür komplett verloren. Ich nenne diesen Zustand „Betriebsblindheit“.

Der Chef der Firma hat unter Umständen viel Kapital ins Unternehmen und dessen Aufbau gesteckt. Vielleicht hat er ganz klein und unsicher angefangen, nicht wissend, ob und wie viel Erfolg die Zukunft bringen würde. Jeder fängt irgendwann mal an. Sein Herzblut steckt in diesem Unternehmen, warum sonst sollte er sich all die Mühe gemacht haben und immer noch machen? Allein der bürokratische Teil als Firmeninhaber, Gott bewahre!

Leider ist der Chef (der natürlich ohne Weiteres auch eine Frau sein kann, keine Frage) so betriebsblind geworden, dass er automatisch davon ausgeht, dass auch seine Mitarbeiter:innen derart für sein Unternehmen empfinden. Dass sie sich aufopfern wollen und alles für den Erfolg tun, was nötig ist. Dass sie diesen Job unbedingt wollen, weil sie eine glänzende Zukunft in diesem Unternehmen sehen, das das einzig Wahre unter all den anderen in der Region ist und natürlich deswegen auch die erste Wahl bei der Bewerbung war, ohne Zweifel. Er geht davon aus, dass man diesen Job unbedingt will, des Betriebs wegen. Seines Betriebs wegen, der jede verdammte Aufopferung wert ist!

Dabei verkennt er vollkommen, denn so weit denkt er schon lange nicht mehr, dass du, genauso wie ich, diesen Job nur aus einem einzigen Grund wollten: Wir wollen, nein wir müssen, Geld verdienen um unser Leben finanzieren zu können. Das war 's! Nicht mehr und nicht weniger. Wenn der Job uns danach erfüllt, uns Spaß macht und wir gerne zur Arbeit kommen, dann umso besser. Aber vordergründig bewerben wir uns schlichtweg, weil wir nicht von Luft und Liebe leben können. Punkt.

Leider können wir das so nicht sagen, so gerne wir auch würden, dann auf diese Weise wäre nur eine Sache sicher. Dass wir den Job nicht bekommen. (Achtung, Ironie: Wenn du also vom Amt geschickt wirst, weil du gezwungen wurdest dich zu bewerben, den Job aber eigentlich gar nicht haben willst, die Gründe mal außen vor, dann glänze doch einfach mit gnadenloser Ehrlichkeit, denn die ist in unserer heutigen Gesellschaft nur in den aller seltensten Fallen erwünscht.)

Dass wir jedenfalls nichts genau so sagen können, wie es eigentlich der Wahrheit entspricht, ist auch der Grund dafür, dass ein Vorstellungsgespräch in aller Regel nichts weiter als ein wahnwitziger Austausch von Lügen ist. Lügen über Lügen.

Der Mensch, der vor uns sitzt, belügt uns damit, wie wundervoll und aufgeschlossen das Team doch sei, wie vielseitig die Aufgaben und fair die Bezahlung. Als „fair" und „tariflich" zählt in diesem Fall natürlich auch schon der Mindestlohn, der in der Realität zum Sterben zu viel und zum Leben zu wenig ist. Wir bekommen alles schmackhaft gemacht und sind meist so dumm, auch noch daran zu glauben, weil wir es wollen. Wir wollen daran glauben, denn es klingt einfach gut. Wenn es denn nur stimmen würde.

Wir im Gegenzug stellen uns als den perfekten Mitarbeiter vor, teamfähig, vorausschauend, immer fleißig und natürlich ohne Kinder, die uns dazwischen funken könnten. Natürlich wollen wir nicht mal Kinder, denn die könnte ja unsere Karriere behindern und die geht uns über alles! Ja, über alles! Dieser Betrieb, und nur dieser, ist unsere Zukunft. Schon als wir die Stellenbeschreibung gelesen haben, gab es keine zwei Meinungen und jetzt hier zu sitzen, ist der erste Schritt auf dem Weg zu dem Job, den wir schon immer machen wollten! Dieser oder keiner!

Auf beiden Seiten wird gelogen und übertrieben, so viel steht fest. Tatsächlich wäre das auch gar nicht so dramatisch, wenn sich alle dieses Umstandes bewusst wären, denn dieses Bewusstsein würde Spielraum für gegenseitiges Verständnis schaffen. Würde.

Weiter steht außer Frage, dass in einem Unternehmen verschiedenste Menschen aufeinander treffen und miteinander arbeiten müssen. Man kann sich seine Kollegen meistens nicht aussuchen. Kollegen sind keine Freunde, die man aus seinem Leben streichen kann, wenn man die Schnauze voll von all den Intrigen und Gemeinheiten hat. Wir können unsere Kollegen in der Regel weder aussuchen, noch austauschen. Wir müssen mit ihnen klar kommen, ob wir wollen oder nicht.

Allein sich diese Tatsache einmal vor Augen zu führen, zeigt, dass Reibereien, Getratsche und im schlimmsten Fall Mobbing vorprogrammiert sind. Hier treffen Menschen aufeinander, die außerhalb der Arbeitszeit meist keinerlei Berührungspunkte hätten. Menschen, die sich privat vielleicht niemals angefreundet hätten. Die überhaupt nicht auf einer Wellenlänge liegen. Genau diese Menschen sind es jetzt, mit denen wir 8 oder mehr Stunden am Tag verbringen müssen. Wir verbringen mehr Zeit mit diesen Kollegen als mit unserer Familie und unseren echten Freunden, die wir lieben und denen wir vertrauen und oft geht das nicht dauerhaft gut. Es liegt in der Natur der Dinge, wenn du Menschen und Situationen nicht entkommen kannst. Du bist praktisch innerhalb des Betriebes mit all seinen Mitarbeitern und Strukturen gefangen.

Ich will dich mit diesen Worten nicht runter ziehen. Ich möchte dich lediglich in meine Gedankenwelt einweihen, denn ich weiß, dass ich mit diesen Überlegungen nicht alleine bin. Vielleicht hast du dieses Buch gekauft, weil auch du endlich einmal erfahren musstest, dass du nicht allein bist.

Das Positive: Es geht auch anders. Es gibt Unternehmen, in denen das Betriebsklima wirklich sehr gut ist. Nette Kollegen, die wirklich offen miteinander umgehen, ganz ohne Hintergedanken, und Vorgesetzte, die greifbar und auf Augenhöhe mit dir reden. Die sich kümmern und dir das Gefühl geben, gehört zu werden.

Ich will nicht abstreiten, dass ordentlich Glück dazu gehört, wenn man auf der Suche nach einem Unternehmen ist, in dem man sich wirklich von Herzen wohl fühlt, aber es ist möglich!

Es dauerte lange, bis ich mir all diese Dinge, die ich hier gerade mit dir geteilt habe, klar gemacht habe. Bis ich sie auch wirklich verstanden habe. Glücklicherweise war ich in der privilegierten Situation, und bin es eigentlich noch immer, mir diese Pause von der Arbeitswelt und allem, was ich erlebt hatte, gönnen zu können. Ich hatte Zeit, um einfach nur an mich zu denken. Das war dringend nötig, denn ich war wirklich am Boden, wie du dir sicher denken kannst.

Bis heute bin ich ein sehr sensibler Mensch. Dinge, die mir unfair erscheinen oder gegen die ich mich im ersten Moment nicht wehren kann, nagen lange an mir und lassen mich nicht schlafen.

Die Erfahrungen, die ich gemacht habe, haben mir tatsächlich einen ordentlichen, psychischen Knacks verpasst. Ich bin sehr vorsichtig geworden, sehr skeptisch und ziehe mich bis heute häufiger zurück als früher. Der Alltag fällt mir schwerer, genau wie der Kontakt zu fremden Menschen. Situationen, die ich nicht einschätzen kann, machen mir so große Angst, dass ich sie am liebsten meide. (Dazu kommen wir später noch einmal genauer).

Trotzdem wusste ich: Es muss weiter gehen!

KAPITEL 7:

FREUDE UND DRAMA

Ich hoffe, du hast an dieser Stelle nichts gegen einen kleinen Sprung zurück in die Vergangenheit einzuwenden, denn bisher habe ich nur von zwei der wirklich schlimmen Erfahrungen berichtet. Doch auch was dazu geführt hat, dass ich meinen Mann kennengelernt habe, kann sich ebenfalls sehen lassen, glaub mir!

Ich bewarb mich nämlich noch vor meiner Horrorstelle in der Kanzlei bei einem ganz anderen Unternehmen. Es handelte sich um eine Sicherheitsfirma, die einen interessanten Bürojob ausgeschrieben hatte. Bürojob! Ja, es ist an dieser Stelle wirklich wichtig sich zu merken, dass es sich bei dem Stellenangebot um einen Bürojob handelte. Klassische Bürotätigkeiten, nichts besonderes, aber dafür genau das, was ich mir zu diesem Zeitpunkt immer noch für mich vorgestellt hatte. Die Ausschreibung klang für mich absolut normal und plausibel.

Ich wurde schneller zum Vorstellungsgespräch geladen als ich begreifen konnte wie mir geschah. Gerade die Bewerbung abgesendet, schon kam der Rückruf und die Einladung. Sehr ungewöhnlich.

„Na die müssen es ja nötig haben!", dachte ich mir. Hatten sie auch. Allerdings hatte das nur wenig, nein gar nichts, mit dem ausgeschriebenen Bürojob zu tun.

Tatsache. Die Stellenbeschreibung war schlichtweg falsch. Dieses dreiste Pack hatte einfach eine komplett falsche und nicht mal existente Stelle ausgeschrieben, um so Leute zu locken, denen sie schließlich während des ersten Gesprächs einen Job im Sicherheitsdienst anstatt wie erwartet im Büro andrehen wollten. Eine mehr als freche Masche, um an zumindest einigermaßen niveauvolle und taugliche Leute zu kommen, denn ja, im Sicherheitsdienst kann das durchaus ein Problem sein, dessen war und bin ich mir bewusst. Heute mehr denn je.

Da saß ich also, total geschockt von so viel Frechheit und Kaltschnäuzigkeit, vor eine Dame, die mir versuchte den Sicherheitsdienst schmackhaft zu machen. Etwas, womit ich bisher rein gar keine Berührungspunkte hatte. Ob ich mir nicht vorstellen könnte, es zumindest einmal auszuprobieren, fragte sie mich und setzte ihr traurigerweise wahrscheinlich charmantestes Lächeln auf, das ganz sicher alles war, nur nicht charmant. Ja, die hatten es wirklich verdammt nötig! Kein Wunder, denn das einzige, was ich zu diesem Zeitpunkt über die Sicherheitsbrache wusste war, dass sie keinen besonders guten Ruf genießt.

Ehrlich gesagt weiß ich heute beim besten Willen nicht mehr, was mich dazu bewog, in diesem Moment ernsthaft zuzusagen. Wahrscheinlich war es die Tatsache gewesen, dass ich tief in mir noch immer die Schnauze gestrichen voll hatte von dem, was ich in den letzten Jobs erlebt hatte, in denen ich gearbeitet hatte. Und ich wusste, dass ich ein klassisches Büro hier nun wirklich nicht zu erwarten hatte, wenn ich zustimmte und einfach etwas vollkommen anderes versuchte. Dass ich allerdings bereits 5 Minuten später dazu aufgefordert wurde, direkt an einem Training teilzunehmen, kam schockierend unerwartet und für meinen Geschmack etwas zu schnell, aber okay. Dreistigkeit war hier offensichtlich an der Tagesordnung.

Ich möchte das Ganze an dieser Stelle wirklich nicht zu negativ klingen lassen, denn innerhalb weniger

Momente änderte sich alles. Ich lernte sofort neue Leute kennen, mit denen ich mich verstand, kam in ein Team, in dem ich mich absolut willkommen fühlte und hatte Aufgaben, die mir tatsächlich Spaß machten. Kein Witz! Ich ging gerne zur Arbeit! Vielleicht zum ersten mal in meinem Leben.

Ich bildete eine Fahrgemeinschaft mit einem Kollegen, mit dem ich mich gut verstand. Einer dieser Menschen, deren Laune nur schwer negativ zu beeinflussen war. Jemand, der einen immer zum lachen brachte. Auch der Rest des Teams war im wahrsten Sinne des Wortes cool. Es gab hier und da vielleicht mal eine Ausnahme, oft blieben diese Leute aber nicht lange.

Sicher, nicht alles an diesem Job war perfekt. Ganz im Gegenteil. Der Auftraggeber war streng, es gab Regeln über Regeln, doch wer sich auch nur ein kleines bisschen anpassen konnte und die entsprechende Arbeitsmoral mitbrachte, war hier willkommen und konnte wirklich Spaß an seiner Tätigkeit haben.

Leider gibt es immer und überall schwarze Schafe, die einem selbst den besten und angenehmsten Team den Tag versauen können. Natürlich auch hier. Hast du etwas anderes erwartet?

Die Hexe war in diesem Fall eine Frau, die nichts, aber auch wirklich gar nichts, vorzuweisen hatte, außer ein Mundwerk, das deutlich zu locker saß und ein Niveau, das man irgendwo unter dem Teppich suchen musste. Damit verbreitete sie gern Tratsch und Gerüchte über alles und jeden. Natürlich nur hintenrum. Hier und da schaffte sie es erfolgreich, den einen oder anderen Kollegen schlecht zu machen und andere Tratschweiber mit ins Boot zu holen, damit man den Buschfunk noch ein wenig ausweiten konnte und die Sache noch witziger wurde. Wahrscheinlich war so ziemlich jeder schon einmal ihr Opfer gewesen, so lange er oder sie gerade nicht anwesend war um sich zu wehren. Ein mal belauschte ich sie heimlich als es um mich ging und Himmelherrgott ... lassen wir uns nicht weiter darauf eingehen!

Warum es mir in diesem Moment deutlicher weniger nahe ging als es vielleicht zu einem früheren Zeitpunkt in meinem Leben der Fall gewesen wäre? Ich verstand mich sehr gut mit einem meiner Schichtleiter. Jemand, dem ich vorbehaltlos vertraute und von dem ich wusste, dass er immer für mich da sein würde, gleich mit welchem Problem ich zu ihm käme. Dieser nette und wirklich kompetente Kerl ist heute mein Mann!

Er war auch der, der immer auf meiner Seite war, als ich in diesem Job zwei sehr unangenehme Erfahrungen mit Kollegen machte, die mir körperlich näher kamen als ich wollte. Ja, auch vor so etwas ist man niemals wirklich sicher. Traurig aber wahr, (Entwarnung: Es ist nichts passiert, was ich nicht abwenden konnte!)

Gott sei Dank hatte ich in diesem Moment jemanden, der mir glaubte, denn besonders eine andere Person, eine Schichtleiterin (Wie auch immer diese Frau zu ihrer Position gekommen sein konnte, war nicht nur mir schleierhaft gewesen), tat das nicht. Sie ließ hintenrum sogar verlauten, ich habe mir all das nur ausgedacht, weil ich Aufmerksamkeit wolle. Ja sicher. Gerade ich. Jedenfalls ist das in einer Situation wie dieser das schlimmste, was man hören kann. Kannst du dir vorstellen, wie man sich in diesem Moment fühlt?

Mir ist heute klar, auch durch die Berichte anderer, dass diese arme Frau einfach nur panische Angst vor all denen hatte, und vor allem vor weiblichen Mitarbeiterinnen, die auch nur den leisesten Anschein machten, kompetent genug zu sein um ihr ihren Posten streitig zu machen. Diese Sorge war wahrscheinlich nicht einmal unbegründet, wie ich heute, wo ich genug Abstand dazu gewonnen habe, mit einem breiten Grinsen feststellen muss. Die so genannte „Stutenbissigkeit", also das ekelhafte Verhalten von vor allem Frauen untereinander, ist generell ein großes Thema, das eigentlich ein eigenes Kapitel verdient hätte, denn es ist sehr komplex.

Es ist der Tatsache geschuldet, dass Frauen generell vollkommen anders, sowohl miteinander, als auch mit spezifischen Situationen, umgehen als Männer. Es ist psychologisch erwiesen, dass Frauen die deutlich größeren „Dramaqueens" sind und bei Problemen eher mit dem Herzen als mit dem Kopf denken. (Ich sage das so, weil es selbstverständlich auch männliche „Dramaqueens", also eigentlich „Dramakings", gibt). Es fällt Frauen oftmals deutlich schwerer als Männern, eine Situation nüchtern und objektiv zu bewerten. Dadurch reagieren Frauen schneller bissig.

Wie gesagt, das habe nicht ich gerade erfunden, sondern schlaue Menschen vor mir bereits in Erfahrung gebracht. Ich möchte aber nicht unerwähnt lassen, dass man niemals alle über einen Kamm scheren kann. Etwas komplett zu pauschalisieren, ist immer falsch. Das gilt für Frauen und für Männer. Es gibt immer angenehme

Ausnahmen, die uns den Glauben an die Menschheit zumindest ein kleines bisschen wieder zurückgeben.

Zurück zum Thema, denn ich war nicht allein. Weder mit meiner Erfahrung mit zumindest einem der Belästiger, noch mit meinen Gedanken und Gefühlen dazu.

Eine andere Kollegin berichtete ebenfalls davon, dass besagter Kollege ihr unangenehm nah gekommen war. Was sie erzählte, passte perfekt ins Bild. Leider wurde auch in ihrem Fall die Situation auf ungeheuerliche Weise heruntergespielt, sodass am Ende diese Vorkommnisse keine Auswirkungen auf unseren männlichen Kollegen und seinen Job hatten. Ja, man kommt sich schon ziemlich verarscht vor, wenn man derart im Regen stehen gelassen wird!

Aber hey, Kopf hoch! Denn gekündigt wurde er trotzdem. Eigentlich beide Kollegen, mit denen ich diese Erfahrungen gemacht hatte. Der eine sofort, denn er war obendrein auch noch die Faulheit und Inkompetenz in Person, beim anderen dauerte es länger.

Zum Schluss hatte sich aber selbst bei dem Kollegen, der trotz allem immer so in Schutz genommen worden war, so ein riesiger Haufen negativer

Vorkommnisse angesammelt, dass es einfach nicht mehr haltbar gewesen war. Seine Aggressionsprobleme waren sicher nur einer der vielen Gründe gewesen.

Ich erfuhr davon allerdings erst deutlich später, viele Monate danach, weil ich den Betrieb bereits deutlich zeitiger verlassen hatte. Das hatte nicht in erster Linie mit den Übergriffen zu tun, denn zumindest meinem Wunsch mit den entsprechenden Kollegen keine Schichten mehr machen zu wollen, wurde anstandslos nachgekommen, sondern damit, dass Paare innerhalb des Teams nicht erwünscht waren. Nicht selten im Sicherheitsdienst, wenn auch total dämlich und bei genauerer Überlegung sinnfrei. Nun, da wir uns allerdings nicht verstecken wollten, entschloss ich mich, zu gehen. Weil er der deutlich besser verdienende Part von uns beiden war, war dieser Entschluss nur logisch.

Es ist kaum zu fassen, aber trotz den negativen Erlebnissen in diesem Job, vermisse ich diese Zeit noch immer und erinnere mich gerne an die schönen, witzigen und herzlichen Moment zurück, die ich zusammen mit meinen Lieblingskolleg:innen erlebt habe.

Aufgrund dieser zumindest zum Teil wirklich guten Erinnerungen an meinen Job im Sicherheitsdienst, kehrte ich danach noch zwei weitere male zu dem Auftraggeber zurück, der damals meine alte Sicherheitsfirma beschäftigt hatte.

Aus versicherungs- und finanztechnischen Gründen, die Details sind hier unwichtig, wechseln große Firmen gerne von Zeit zu Zeit ihren Sicherheitsdienst und schreiben die Stelle neu aus. So blieb der Auftraggeber über die Jahre immer gleich, das Sicherheitsunternehmen wechselte aber mehrfach. Immer wurde mein Mann als einer der dienstältesten Mitarbeiter übernommen und die Regeln änderten sich dahingehend, dass es kein allzu großes Problem mehr war, auch mich als Partnerin zu beschäftigen.

KAPITEL 8:

DER SUPERGAU

Nach diesem kleinen Ausflug in die Vergangenheit befinden wir uns hier nun wieder an der chronologisch „richtigen“ Stelle. Zur Erinnerung: Ich hatte zuletzt den Job in der Kanzlei aufgegeben.

Es war einiges an Zeit vergangen, die ich auch dringend brauchte, um irgendwie wieder zu mir finden. Ich brauchte diese Zeit um mir klar zu machen, dass nicht ich Schuld daran war, dass es einfach nicht funktionierte.

Das einzige, was ich mir vielleicht vorwerfen konnte, war die Tatsache, dass ich in den entsprechenden Momenten offenbar nie die richtigen Worte fand. Dass ich lieber schwieg, in der Hoffnung, so nicht noch mehr Ärger heraufzubeschwören. Dass ich vielleicht zu sensibel war. Und zu nachsichtig mit Personen, die es ganz sicher nicht verdient hatten. Aber niemand kann einfach so aus seiner Haut raus. Ich konnte nicht von heute auf morgen einfach ein anderer Mensch sein!

Wie bereits erwähnt, waren meine zum Teil so schönen Erinnerungen an tolle Kollegen und an Aufgaben, die ich wirklich mochte, der Grund dafür, es noch ein weiteres mal im Sicherheitsdienst zu versuchen. Das war denkbar einfach, denn durch meine bessere Hälfte, noch immer in einer entsprechende Position, die einiges erleichterte, musste ich nicht einmal eine Bewerbung schreiben, sondern wurde einfach vom Fleck weg eingestellt, als ich ankündigte, den Dienst wieder antreten zu wollen. Natürlich spielte auch der chronische Mitarbeitermangel eine Rolle, keine Frage.

Wie es oft ist, bringt eine neue Firma, in diesem Fall Sicherheitsfirma, auch neue Gegebenheiten und Strukturen mit sich. Ich hätte auf meinen Mann hören sollen, der als dienstältester Mitarbeiter dieses Auftraggebers deutlich darauf hingewiesen hatte, dass die Dinge nicht mehr so seien wie früher. Dass die Regeln teilweise strenger (und sinnloser) geworden waren, die Aufgaben andere, die Teams und Strukturen neu. Ja, ehrlich gesagt erkannte ich wirklich nicht mehr viel von dem wieder, was ich von damals so gut in Erinnerung hatte. Eigentlich gar nichts.

Trotzdem war es mir zum Vorteil, dass ich mich im Gebäude und auf dem Gelände gut auskannte, die

Abläufe mir daher sehr viel einfacher von der Hand gingen, und ich deutlich weniger Führung brauchte als viele andere Kolleg:innen. Ich bekam neue Aufgaben und Möglichkeiten und auch wenn die Dinge sich eindeutig verändert hatten, konnte ich mich damit irgendwie arrangieren. Im Großen und Ganzen muss ich sagen, dass ich bereits schlimmere Dinge erlebt hatte als das.

Das sollte schon was heißen, denn hinter meinem Rücken und bei anderen Mitarbeitern und Vorgesetzten waren Intrigen, Frust und eine hundsmiserable Arbeitsmoral an der Tagesordnung. Herrje, was hatte in meinen jungen Jahren meine Vergangenheit bereits mit mir gemacht, dass ich diese Zustände als durchaus akzeptabel empfand? Erschreckend!

Die Zeit plätscherte so vor sich hin, Tag für Tag, Woche für Woche. Kolleg:innen kamen und gingen. Leute wurden wegen Nichtigkeiten gefeuert, denn wenn man jemanden loswerden will, dann findet man immer Wege. Etwas, das ich selbst noch mehr oder weniger am eigenen Leib erfahren sollte.

Auch mein Mann geriet ab und an ins Kreuzfeuer, immer wegen der lächerlichsten Lappalien. Die Wahrheit und das wussten alle: Als überkorrekter

Mitarbeiter, der sich immer an Vorschriften hält und nur wenig Spielraum für „Kaffeeklatsch" und faules Beisammensein lässt, dafür aber immer absolut fair und korrekt ist, ist all denen ein Dorn im Auge, die es lieber ruhiger angehen lassen und die Definitionen der Regeln während der Dienstzeit gerne etwas zu ihrem Vorteil ausweiten. Korrekte Mitarbeiter, die ihre Aufgaben ernst nahmen, waren hier teilweise nicht gern gesehen, denn sie waren denen unbequem, die sich gerne einfach so durch ihren Dienst mogelten. So viel Arbeit wie nötig, so wenig wie möglich.

Es kam recht überraschend, dass er trotz dessen plötzlich befördert werden sollte. Hatte man seinen Wert, die korrekte Arbeitsweise und seine seit ewigen Jahren fraglose Loyalität endlich erkannt?

Ernsthaft. Dieser Mensch hatte sich so lang ich ihn kannte immer für die Arbeit aufgeopfert. Eigentlich war er sogar einer dieser Menschen gewesen, die ich zuvor oft verabscheut hatte. Jemand, der so zuvorkommend, korrekt und loyal war, dass man ihn sogar im Urlaub hätte anrufen können und er ohne zu murren an die Arbeit gekommen wäre. Jemand, der früher kam und länger blieb, wenn es sein musste. Der seine Arbeit ernst nahm und das, obwohl die Wertschätzung meist auf der Strecke blieb. Doch anstatt in seinem Frust zu versinken, machte er weiter.

Zugegeben, ich regte mich oft darüber auf. Sehr oft. Allerdings konnte ich es ihm seine überdurchschnittliche Arbeitsmoral nicht verdenken, denn nach einer schwierigen Vergangenheit hatte er endlich wieder so was ähnliches wie Fuß gefasst. Das wollte er auf keinen Fall aufs Spiel setzen.

Umso mehr freute ich mich über die Beförderung, auch wenn ich wusste, dass die Arbeit, die nun auf ihn zukam, alles übersteigen würde, was wir bisher kannten. Doch die Anerkennung dieser Beförderung hatte er mehr als verdient. Es war ein echter Glücksmoment! Ein Moment, der sich anfühlte, als hätte sich all der Ärger und die ganze Arbeit der vergangenen Jahre endlich für ihn ausgezahlt.

Sollen wir es kurz und schmerzlos machen?

Die Beförderung, genau wie alles was danach geschah und gegen das er sich nicht wehren konnte, selbst wenn er es gewollt hätte, wurde geschickt eingefädelt um ihn loszuwerden. Es war ein wahnwitziges Konstrukt, das dort hinter seinem Rücken vorbereitet worden war, um ihn zum Schluss hochkant aus dem Team werfen zu können. Man hatte auf hinterhältige Weise hinter seinem Rücken alles einzig für diesen einen Moment vorbereitet, sodass er nichts mehr tun konnte ... außer zu gehen.

Denjenigen, der alles für das Unternehmen und sein Team gegeben hätte. Der sich Nächte um die Ohren geschlagen hatte um der Arbeit (erfolgreich übrigens!) Herr zu werden. Sie waren ihn erfolgreich losgeworden.

Ich war derart geschockt von dem, was ich dort sehen und erleben musste, dass ich keine Sekunde zögerte. Ich kündigte noch am selben Tag. Das war nach allem was ich bisher erlebt hatte das Schlimmste und Krasseste von allem. Etwas, das ich mir zuvor selbst in meinen wildesten Träumen nicht hatte vorstellen können.

Seitdem ist mir eins klar: Was möglich ist, wenn die falschen Personen dich nicht leiden können, ist unvorstellbar und grausam! Dazu kann es auch reichen, wenn ihnen deine Nase nicht passt. Es müssen keine sinnigen Gründe vorliegen.

Ein kleiner Trostpreis: Die Obrigkeiten der Firma ließen ihn nicht komplett fallen, sondern versetzten ihn an einen neuen Standort. Ich versuchte das Glück im Unglück zu sehen, denn der Stress, dem er in den letzten Monaten ausgesetzt war, wäre auf lange Sicht alles andere als gesund gewesen.

Jetzt denkst du sicher, dass das gerade das eigentliche Supergau war, richtig?

Falsch gedacht!

Einige Monate vergingen. Durch meinen Mann erfuhr ich hin und wieder die neusten Infos. Wie viele alte Kolleg:innen und Vorgesetzte in der Zwischenzeit die Schnauze voll hatten, konnte man nicht einmal mehr an beiden Händen abzählen. Die Zustände verschlimmerten sich, auch an seinem Standort, an dem er nun das Sagen hatte.

Ich spürte schon lange, dass es ihm schlecht ging. Dass diese Arbeit in diesem Unternehmen unmöglich seine Zukunft sein konnte. Wir waren uns klar darüber, dass früher oder später etwas passieren musste. Dass er dort nicht ewig sein Dasein fristen konnte, ohne dass es ihm sein nach wie vor unermüdliches Engagement jemals gedankt wurde. Unmöglich! So etwas macht Menschen kaputt.

Trotz dessen wie es damals gelaufen war, fing auch ich wieder in diesem Unternehmen an, am gleichen Standort wie mein Mann. Allerdings nur auf

Minijobbasis, denn mehr war einfach nicht drin. Meine Nerven lagen blank.

Auch er schleppte sich nach wie vor an die Arbeit und hielt den Laden erfolgreich am laufen. Den Laden, in dem jede noch so kleine Verfehlung und jedes falsche Wort sofort weitreichende Konsequenzen nach sich ziehen konnte. So weit war es gekommen. Außerdem gierten natürlich noch andere Leute nach seiner Position.

Wer ein mal eine derart Niederschmetternde Erfahrung wie zuvor beschrieben machen musste, hat zwei Möglichkeiten:

1. Daran glauben, dass etwas so derbes unmöglich an der Tagesordnung sein kann, wodurch die Wahrscheinlichkeit schwindend gering ist, dass es einem innerhalb kürzester Zeit mehrfach so oder so ähnlich ergeht. Man tut es also als als Pech oder einmalige Angelegenheit ab, richtet die Krone und macht voller Vertrauen in sich und die anderen weiter.

2. Einfach niemandem mehr trauen und ab jetzt automatisch immer das Schlimmste annehmen.

Ich sage dir: Selbst wenn du das Schlimmste annimmst, immer darauf vorbereitet bist, erspart es dir nicht den Schock, wenn es dann tatsächlich passiert! Und so war es in diesem Fall.

Eine vollkommen verdrehte Tatsache (übrigens auch eine lächerliche Nichtigkeit, die bei jemand anderem nicht einmal angesprochen worden wäre) von jemandem, der definitiv am längeren Hebel saß, sorgte dafür, dass derjenige, der nach allem was er erlebt hatte noch immer für diese Firma arbeitete, von heute auf morgen vom Dienst freigestellt wurde. Die Entlassung folgte kurz danach.

Dass niemand die Wahrheit wissen wollte, brauche ich an dieser Stelle wahrscheinlich nicht erwähnen, weil es nun mal nicht darum geht, wer Recht oder Unrecht hat. Es ist vollkommen egal. Wenn man will, dass du gehst, dann gehst du, zur Not mit Gewalt.

Es wird alles eingefädelt für diesen einen Moment, in dem du dich nicht mehr wehren kannst. Niemand fragt nach und obwohl natürlich alle wissen, wie der Hase läuft, setzt sich niemand für die Gerechtigkeit ein, weil jeder nur sich selbst der nächste ist.

Das war 's für ihn in dieser Firma. Und für mich natürlich, wieder einmal. Wie hätte ich hier weiterarbeiten sollen, nachdem dem wichtigsten und liebsten Menschen in meinem Leben so etwas erneut widerfahren ist?

Aber was soll ich dir sagen? Es war vorbei. Gott sei Dank! Endlich. Hier passt der altbekannte Spruch: „Lieber ein Ende mit Schrecken als ein Schrecken ohne Ende!“

Doch wenn du so etwas erleben musst, hinterlässt es eine Narbe.

KAPITEL 9:

NEUANFANG

Ich fühlte mich in der Zwischenzeit einfach nur noch schlecht und nicht mehr in der Lage, die einfachsten Situationen alleine zu stemmen. Der Alltag war für mich unerträglich geworden. Ich war an einem Punkt, an dem ich, sobald ich das Haus verließ, niemandem mehr traute. Die einfachsten Dinge wurden für mich zu unüberwindbaren Hindernissen. Sicher hatte auch die Pandemie ihren Teil dazu beigetragen, denn wo ich sonst immer noch Termine wahrnahm und Dinge erledigte, also praktisch gezwungen war nach draußen zu gehen, fielen viele dieser Sachen jetzt plötzlich weg und ich hatte viel zu viel Zeit über alles nachzudenken, was ich in den letzten Jahren erlebt hatte. Über alles, was mir ohnehin so viel Sorge bereitete. All die Dinge, die mich quälten.

Mein Vertrauen in gefühlt die ganze Menschheit war tief erschüttert. Ich wollte niemanden sehen und hören, meine Familie mal ausgenommen. Ich wollte einfach nur noch alles vermeiden, was für mich in irgendeiner Weise unvorhersehbar war. Der Gedanke daran, wieder in eine Situation zu kommen, in der ich in meinen Augen falsch oder schlecht behandelt wurde, war unerträglich und ließ mich mit unbeschreiblicher Angst zurück. Wieder Situationen, in denen ein dickes Fell gefordert war, dass ich einfach nicht hatte. Jetzt noch weniger als irgendwann sonst in meinem Leben. All das galt es unbedingt zu vermeiden.

Ich ging nicht mehr ans Telefon, wenn ich nicht wusste wer am anderen Ende war und was derjenige von mir wollte. Ich ging nicht mehr ins Fitnessstudio, nachdem es nach dem ersten Lockdown theoretisch wieder möglich gewesen wäre. Ich hatte große Schwierigkeiten damit, einkaufen zu gehen oder auch nur das verdammte Postfach zu leeren. Die mögliche Konfrontation mit anderen Menschen und Situationen, die ich nicht einschätzen konnte, war keine Option für mich. Ich hatte einfach nur Panik.

Trotz dessen, oder gerade deswegen, war mir schon früh klar, dass ich Hilfe brauche. Hast du schon einmal versucht, hier in Deutschland professionelle Hilfe bei einem Therapeuten oder einer Therapeutin zu bekommen?

Ich könnte hier jetzt lange auf die Zahlen und Fakten eingehen, die zeigen, dass die hilfesuchenden Patienten im Verhältnis zu den möglichen Therapieplätzen ein Trauerspiel sondergleichen sind. Ich könnte auf das „Warum“ eingehen und erklären, was meiner Meinung nach die passenden Ansätze zur Verbesserung dieses ungeheuerlichen Problems wären. Allerdings haben sich schon viele andere, wirklich absolut großartige Leute, mit dieser Frage beschäftigt und sind deutlich besser darin als ich. Hier gibt es zahlreiche Artikel, Berichte und Statistiken, die einen wirklich fassungslos zurücklassen. Wenn du dieses Elend ertragen kannst, dann hilft bereits eine kurze Suche im Netz um all deine Fragen zu beantworten und gleichzeitig einen riesigen Haufen an neuen aufzuwerfen.

Das Gute war, dass ich zumindest zeitnah ein Erstgespräch bei einem Therapeuten in meiner Nähe ergattern konnte. Diese Erstgespräche sind nötig, um danach überhaupt auf weiterführende Suche nach Hilfe gehen zu können. Dieses Erstgespräch verschafft dem Therapeuten einen ersten Eindruck, den er für dich auch schriftlich festhält. Er kann Hilfestellungen zur weiteren Vorgehensweise geben und hat vielleicht den einen oder anderen Ratschlag, der dir jetzt sofort hilft oder einen Anreiz gibt.

Meine vorläufige Diagnose nach diesem Erstgespräch: Soziale Phobie.

Wow! Okay. Ja, sensibel war ich immer gewesen und meine Erlebnisse der letzten Jahre hatten es sicher nicht besser gemacht doch das war eine neue Hausnummer!

Da stand ich jetzt mit dieser ersten Diagnose, in deren Beschreibung ich mich zu 100 % wiedererkannte. Zumindest mein jetziges Ich erkannte ich dahin ganz ohne den geringsten Zweifel.

Ich, die früher eigentlich sehr offen gewesen war. Die sich neuen Situationen einfach annahm, selbst wenn sie mal über ihren eigenen Schatten springen musste. Ich, die eigentlich immer alles tat, was nötig war, um bloß nicht zu lange auf der Stelle zu treten. Und jetzt? Jetzt ging plötzlich nichts mehr.

Aber zurück zu meinem Mann:

Er musste sich nicht lange bewerben, denn ein Mann mit seiner Ausbildung und Arbeitserfahrung, selbst in höheren Positionen, ist in der Sicherheitsbranche gern gesehen. Glücklicherweise bekam er deswegen auch sofort eine Stelle in einer ebenfalls gehobenen Position angeboten und konnte praktisch so gut wie ohne Wartezeit einen neuen Job beginnen. Was für eine Erleichterung und große Freude!

Es lief gut. Trotz widriger Umstände aufgrund der Pandemie, die allerdings gleichzeitig gerade in dieser Branche massenhaft neue Arbeitsplätze schaffte, hatte ich das Gefühl, dass er endlich wieder gerne zur Arbeit ging. Sein Team war ihm wichtig und er wurde von allen gemocht, die von seiner Fairness und seinem Engagement vom ersten Tag an profitierten.

Das Team verzeichnete schnell einige hoch gelobte Erfolge. Er fand Freunde in denen, mit denen er zusammenarbeitete. Ehrlichkeit wurde über alle Maße groß geschrieben. Man hatte das Gefühl, dass es nichts gab, worüber man nicht offen sprechen konnte. Ein absoluter Traum, so schien es. Das, was sich doch eigentlich jeder wünscht. Nach und nach fasste er wieder Vertrauen, nach Jahren des Stresses, der Intrigen und dreckigen Hinterlistigkeiten.

Aber wo wären wir denn hier, wenn alles so easy geblieben wäre? Du denkst du denn hin, hm? Denn was sich hinter seinem Rücken abspielte, sollte erst nach und nach ans Tageslicht kommen und den Zusammenhalt des scheinbar perfekten Teams ordentlich erschüttern.

KAPITEL 10:

FREUNDE UND FEINDE

Wie schnell Freunde zu Feinden werden können, zeigt sich vor allem eindrucksvoll an der Arbeit. Wieder einmal eins das besten Beispiele dafür, dass am Ende jeder nur sich selbst der nächste ist. Dass die angebliche Freundschaft nur so lange hält, wie man den angeblichen Freunden bestmöglich nach dem Mund redet. Ich meine, natürlich freut sich jeder, wenn er nur das hört, was ihm am besten gefällt, richtig? Wahrscheinlich liegt es in der Natur des Menschen. Unangenehmes wird gern vermieden wenn es irgendwie möglich ist.

Wieder einmal zeigte sich, dass Menschen, die man an der Arbeit kennengelernt hat, keine echten Freunde sind. Keine Menschen, denen man vorbehaltlos vertrauen kann, denn wieder handelt es sich um Personen, zu denen man außerhalb der Arbeitszeit wahrscheinlich niemals Kontakt gefunden hätte. Gezwungenermaßen miteinander arbeiten und auskommen zu müssen, und dabei festzustellen, vielleicht oberflächlich auf einer

Wellenlänge zu liegen und mal ein Späßchen zusammen machen zu können, macht noch lange keine echte Freundschaft aus. Das zu glauben wäre schlichtweg naiv.

Ich beneide jeden, der das seltene Glück hatte, über die Arbeit vielleicht wirklich eine Freundschaft fürs Leben zu finden. Soll es geben, ja.

In einer Position, in der man für ein Team und für die internen Arbeitsabläufe verantwortlich ist, ist es wichtig dafür zu sorgen, dass sich alle Teammitglieder an Regeln halten. Zugegeben, diese Regeln waren wirklich nicht schwer.

Das Firmenauto wird aus versicherungstechnischen Gründen nicht zum Privatvergnügen genutzt. Schichten können nicht fröhlich umher getauscht werden ohne Antrag, da sonst jeder irgendwann nur noch treibt was er will und die Übersicht vollkommen verloren geht. Die Küche und das Inventar ist pfleglich zu behandeln, denn es gehört dem Auftraggeber. Klingt alles ziemlich einfach und logisch, oder?

Trotzdem bereits mehr als genug, viel zu viel sogar, für diejenigen, die lieber ihr „easy life" pflegen wollten. Diejenigen, die für maximalen Komfort und so wenig Arbeit wie möglich, so viel Geld rausschlagen wollten wie möglich. Plötzlich wurde der Arbeitsalltag ein wenig unbequem für die, die es gewohnt waren, es sich während der Arbeitszeit maximal gutgehen zu lassen. Das hatte ja auch lange Zeit geklappt und hätte es auch weiterhin, wären die kleinen, sich summierenden Verfehlungen der Kollegen nicht zufällig nach und nach ans Tageslicht gekommen.

Das Gegensteuern sorgte für großen Unmut. Vorn herum blieb man natürlich freundlich, doch hintenrum schloss man sich bereits zusammen und hatte beschlossen, dass das Arbeitsleben hier deutlich zu anstrengend geworden war, um auf Dauer so weitermachen zu können. Denn noch besser, als für anständiges Arbeiten bezahlt zu werden, so wie es sein sollte, ist natürlich, für deutlich weniger Arbeit mit weniger Regeln bezahlt zu werden.

Als dann ein weiterer geliebter Mensch (Liebe Grüße an dieser Stelle, denn er wird dieses Buch lesen!), im Betrieb anfing und die gleiche korrekte Arbeitsmoral wie mein Mann an den Tag legte, wurde das Problem für die anderen unhaltbar. Noch einer, der so korrekt arbeitete und sich an die Regeln hielt! Ekelhaft! Es stand fest, dass beide weg mussten und das Arbeitsklima sank in den Keller.

Das einst so hoch gelobte Team war alles, aber schnell kein richtiges Team mehr. Irgendwie funktionierte es, weil da schließlich noch immer jemand war, der dafür sorgte, dass der Auftrag im entsprechenden Objekt tadellos ausgeführt wird, sogar vorbildlicher als je zuvor, doch das alles sollte nichts nützen, wenn das Team sich gegen genau diese Person auflehnte, weil ihnen das Arbeiten schlichtweg zu anstrengend geworden war.

Zur Information: Es handelte sich um eine Tätigkeit, bei der man sich in der Regel nun wirklich nicht kaputt machen musste. Im Gegenteil. Bei einer dazu überdurchschnittlichen Bezahlung, weit über dem gängigen Tarif, ist eine gewisse Arbeitsmoral einfach vorauszusetzen. Das sage selbst ich, die sich gerne über deutlich zu hohe Ansprüche in der Arbeitswelt beklagt und der festen Überzeugung ist, dass das, was heute verlangt wird, weder zeitgemäß noch gesund für Körper und Geist ist. Der ständige Druck, der auf einem lastet, weil man am besten immer noch mehr leisten sollte, ist teilweise unerträglich! Wenn selbst ich mich in diesem Fall über die Faulheit und Unverschämtheit der anderen Kollegen aufrege, will das wirklich was heißen.

In diesem Fall konnte ich die Situation auch relativ gut beurteilen, denn auch ich war als Teilzeitkraft wieder mit am Start. Ich kannte die Gegebenheiten, die Regeln und die Anforderungen. Ich wusste, was Sache war. Ich bekam direkt an der Front mit, was geschah.

Diesen Schritt hatte ich mir übrigens wirklich lange überlegt, denn er war ein Sprung ins kalte Wasser für mich, nachdem ich zuvor lange nicht einmal in der Lage gewesen war, die einfachsten Dinge zu erledigen. Ich entschied mich dazu, es zumindest zu versuchen, denn ich war schließlich nicht allein und arbeitete nur, wenn auch mein Mann dabei war, der immer zur Stelle war, wann immer ich mich überfordert fühlte.

An der Arbeit wurden unterdessen die wahnwitzigsten Intrigen gesponnen. Kollegen, die offenbar ebenfalls etwas zu unangenehm oder unbeliebt waren, wurden bloßgestellt, so lange, bis endlich ein Grund zur Kündigung oder Versetzung gefunden war. Teilweise entstand der Eindruck eines regelrechten Geheimbundes, der im Hintergrund agierte und intrigierte, um seine Forderungen und Ziele durchzusetzen. Es wurde schwer, das sich anbahnende Unheil zu überblicken.

Dass die größten Intriganten und toxischsten Menschen oft auch sehr gut darin sind, andere um den Finger zu wickeln und auf ihre Seite zu ziehen, weil sie oft eine sehr einnehmend Persönlichkeit und überzeugende Art haben, zeigte sich auch hier eindrucksvoll. Versuche, diese toxischen Personen von sich fernzuhalten oder sogar aus dem Team zu werfen, enden in solchen Fällen oft in einer Katastrophe, besonders wenn bereits so viel Zeit vergangen ist, dass auch der Rest des Teams komplett vergiftet ist. Ab diesem Zeitpunkt gibt es kein Zurück mehr und die Sache wird auf die eine oder andere Weise enden.

Oft sind es die Gutmütigen, diejenigen, die es nur gut meinen und den Frieden vielleicht sogar wieder herstellen wollen, die hinten runter fallen, denn dieser Frieden ist im Grunde gar nicht (oder nicht mehr) gewünscht. Jetzt geht es nur noch um den Sieg, den persönlichen Triumph, und der ist dann erreicht, wenn die auserkorene Person, oder Personen, am Boden liegen.

Das ist übrigens eine klassische Mobbingsituation. Für die Mobber ist es ein Sieg, wenn das Opfer sich maximal schlecht fühlt. Wenn ihm Schlechtes widerfährt, ist es ein Zeichen für den Mobber, alles richtig gemacht zu haben. Es bestärkt ihn und lässt ihn besser fühlen. Deswegen ist es auch so schwierig, sich aus einer solchen Situation wieder zu befreien, denn in der Regel wird der Mobber nicht aufhören.

In diesem Fall wurde den Opfern etwas anhängt, das sie, und das sogar nachweislich, nicht getan hatten. Mit der Rückendeckung von allen Personen, die in diese Intrige eingeweiht waren, gab es aus diesem toxischen Netz kein Entkommen mehr.

Wie so oft, spielte die Wahrheit auch dieses mal keine Rolle. Um die Wahrheit ans Licht bringen zu können, müssten nämlich auch Menschen da sein, die sich für die Wahrheit überhaupt interessieren.

Wie ich immer zu sagen pflege: Recht haben und Recht bekommen, sind zwei vollkommen unterschiedliche paar Schuhe! Leider. Das weiß ich bereits aufgrund meiner Ausbildung und Arbeit im Anwaltsbüro nur zu gut. Gerade bei Familienstreitereien und zivilrechtlichen Geschichten geht es oft nicht darum, wer wirklich Recht und Unrecht hat. Viel zu oft geht es, wenn überhaupt, nur um Schadensbegrenzung, bei der auch der Unschuldige einen oft unerheblichen Teil zur erzwungenen Einigung beizutragen hat. Hier in unserem Fall sollte es eine Einigung, zumindest mit den Intriganten, allerdings nicht geben. Man muss einfach erkennen, wann es sinnlos ist, sich mit einer Angelegenheit noch weiter zu beschäftigen.

Zumindest einer auf den es wirklich ankam wusste schließlich, was Phase war. Der einzige, der wirklich zählte. Der Firmenchef höchstpersönlich. Ein Mann, der immer zuhörte, wenn es darauf ankam. Jemand, dem alle Intriganten innerhalb dieses speziellen Teams schon lange mehr als bekannt waren. Sie waren auch ihm offenkundig ein Dorn im Auge gewesen, zahlreiche Gespräche waren geführt worden, doch aufgrund des ständigen, akuten Mitarbeitermangels war man selbst auf diese Personen noch angewiesen. Außerdem hatte mein Mann ja auch versucht, das Team bis zum letzten Moment noch irgendwie zusammen zu halten und die Stimmung wieder zu kitten.

Unser Chef kannte die Geschichten und Hintergründe und wusste genau, dass es hier zwei Mitarbeiter getroffen hatte, die sich nichts, aber auch wirklich gar nichts, vorzuwerfen hatten. Demnach stand sofort außer Frage, dass beide vielleicht nicht mehr an diesem Standort arbeiten würden, dafür aber anderweitig weiterbeschäftigt werden sollten.

Glück im Unglück und der Beweis, dass es durchaus Bosse gibt, die zuhören, sich auf die richtige Seite schlagen und helfen, indem sie gute Leute nicht sich selbst überlassen. Es gibt sie, diese Chefs, und sie gehören gelobt und gefeiert!

KAPITEL 11:

DER WEG IST DAS ZIEL

Fest steht, das es keinen Stillstand gibt. Das Universum kennt keinen Stillstand. Es geht immer weiter, ob wir wollen oder nicht. Auf der einen Seite ist das etwas Gutes, denn es zwingt uns, immer weiter zu gehen. Selbst dann, wenn wir manchmal das Gefühl haben, auf der Stelle zu treten, dreht sich die Welt doch weiter. Wir können uns dagegen nicht wehren. Selbst wenn wir das Gefühl haben, absolut nichts erreichen zu können. Wenn wir nicht wissen wie es weiter gehen soll. Glaube daran: Es geht dennoch weiter! So oder so. Es ist ein unaufhörlicher und unerschöpflicher Fluss, auf dem wir treiben. Mal paddeln wir und nehmen heftig Fahrt auf. Mal scheint das Gewässer beinahe stillzustehen. Aber vollkommen stillstehen tun wir in Wirklichkeit nie, denn schließlich geht auch morgen die Sonne wieder auf, richtig?

Wenn ich eines gelernt habe, dann ist es die Tatsache, dass auch die kleinsten Schritte wichtig und richtig sind, so lange sie nur nach vorn führen.

Selbst wenn du dich hundeelend fühlst und nicht weißt, wie du den Tag überstehen sollst. Irgendwann, selbst wenn die Minuten sich gezogen haben wie reißfester Kaugummi, wirst du auf die Uhr sehen und feststellen, dass es trotzdem Abend geworden ist.

Gerade in Verbindung mit meinen Bürojobs kenne ich dieses Gefühl wirklich gut. Man wünscht sich schon morgens die Mittagspause oder am besten den Feierabend herbei und der Blick auf die Uhr löst den größten Frust aller Zeiten aus.

Wie soll man bloß diese unerträglich lange Zeit in diesen vier Wänden aushalten? Sind wirklich gerade mal 10 Minuten vergangen seitdem ich das letzte mal auf die Uhr geschaut habe? Soll ich hier wirklich die nächsten 10 oder 20 Jahre mein Dasein fristen? In diesem Betrieb? Unter diesen Umständen? Verdammt, man lebt doch nur einmal und das hier soll mein Leben sein? Das darf doch nicht wahr sein! Vor allem, wenn man bedenkt, dass man bei einem Vollzeitjob mehr Zeit an der Arbeit verbringt als Zuhause, mit den Dingen die man liebt, mit seiner Familie und den Menschen, die einem wirklich guttun.

Die Wahrheit scheint zu sein, dass man sich jeden Tag an einen Ort quält, der einem gefühlt auch noch das letzte bisschen Energie aus den Knochen saugt. Energie, die man eigentlich in seiner Freizeit wieder auffüllen sollte um an der Arbeit funktionieren zu können wie erwartet, was in der Praxis allerdings schlicht unmöglich ist, weil die Freizeit und die schönen Momente gar nicht ausreichen um all den Stress, Druck und Ärger wieder auszugleichen. Kein Wunder, dass es sich schnell anfühlt wie ein Akku, der immer nur wenige Prozent geladen wird, mit denen man dann verzweifelt versucht, sich irgendwie über den Tag zu retten. So energielos ist es dann umso schwieriger, sich gegen die Bürohexen und Intriganten zu wehren. Der Arbeitsalltag wird zum Albtraum.

Jetzt zurück zum guten Teil. Du musst das nicht mit dir machen lassen! Du darfst „Nein!" sagen. Du darfst diejenigen, die dir das Leben zur Hölle machen, zur Rede stellen. Und vor allem musst du nicht in diesem Betrieb versauern! Das musst du nicht! Geh!

Das denkst du dir: „Das sagt sie so leicht daher aber so einfach ist es nicht!"

Ja, da hast du Recht. So einfach ist es nicht. Eine Kündigung ist nicht für jeden einfach möglich, denn wenn ich sage, dass es keinen Stillstand gibt, dann gilt das leider Gottes nun mal auch für Rechnungen und alle Fixkosten, die ein normales Leben so mit sich bringt. Tatsache.

Auch verstehe ich wahnsinnig gut das Gefühl der absoluten Kapitulation. In einem vorangegangenen Kapitel ging es bereits um den richtigen Zeitpunkt um zu handeln, erinnerst du dich? Der Moment, in dem man sich seiner unerträglichen Lage bewusst ist, jedoch noch genug Energie zum handeln übrig hat. Es ist außerordentlich wichtig, diesen Moment nicht zu verpassen. Nicht einfach abzuwarten und darauf zu hoffen, dass sich alles irgendwann wieder zum Besseren wendet. Natürlich könnte das passieren und ich gönne es dir von Herzen, denn schließlich gibt es diese Fälle ebenso und das ist wunderbar. Aber du kannst und solltest dich nicht aus reiner Blauäugigkeit heraus darauf verlassen, denn je länger du diesen Umständen ausgesetzt bist, die dir derart zusetzen, desto mehr Energie geht dir flöten, die du für wirklich wichtige Veränderungen einsetzen könntest.

In der Moment, in dem du bereits an deiner Jobwahl, dem Unternehmen und deinen Kollegen so stark zweifelst, dass negative Gedanken immer wieder dahin zurück schweifen, sollte dich zum handeln bewegen. Du solltest schon jetzt darüber nachdenken, ob es nicht sinnvoll sein könnte, zumindest die Augen nach neuen und für dich interessanten Optionen offen zu halten. Zumindest die Augen offen zu halten schadet nicht, denn eine Alternative in der Hinterhand zu haben, ist nie verkehrt und gibt ein gutes und sicheres Gefühl.

An dieser Stelle ist die Situation im Unternehmen vielleicht noch überschaubar, für dich erträglich und du kannst gegensteuern, wenn es dir möglich ist. Vielleicht gibt es Ungereimtheiten, die aus dem Weg geschafft werden können. Tatsächlich sind manchmal auch einfach nur richtig blöde Missverständnisse der Grund für Unmut. Ja, auch das gibt es und das ist natürlich der beste Fall, denn Missverständnisse kann man aus dem Weg räumen.

Natürlich, auch wenn ich bisher noch nicht konkret darüber geschrieben habe, liegen nicht alle Fehler zwangsläufig immer bei den anderen, denn niemand ist vollkommen. Ich nicht. Du nicht. Unsere Kollegen und Vorgesetzten nicht. Kein Mensch ist unfehlbar, das dürfen wir nicht vergessen. Und wo unterschiedliche Menschen mit teilweisen vielleicht sogar vollkommen gegensätzlichen Persönlichkeiten zusammen treffen, kann es erst recht zu Missverständnissen kommen.

Vielleicht wurde einfach nur ein blöder Spruch, der vielmehr witzig als gemein gedacht war, komplett falsch aufgefasst. Vielleicht hat der Buschfunk aus irgendeiner Nichtigkeit eine große Intrige gemacht, wo eigentlich gar keine ist. All diese Dinge, so man ihnen denn gewahr wird, lassen sich vielleicht ganz leicht aus der Welt schaffen und plötzlich sind die Kollegen gar nicht mehr so blöd, denn man spürt, dass man ja miteinander reden und das Problem aus der Welt schaffen konnte. Plötzlich sind alle Parteien gar nicht mehr so schlecht aufeinander zu sprechen.

Auch ich habe mir oft Gedanken darüber gemacht, was ich tun könnte. Oder hätte tun können. Ich habe mich und mein Verhalten oft, viel zu oft, hinterfragt. Ich habe Fehler bei mir gesucht, die nicht da waren. Und das ist der Knackpunkt!

Wenn du dir sicher bist, an einer Situation nichts ändern zu können. Oder wenn du für dich selbst absolut sicher weißt, dass etwas in jedem Fall unabänderlich gewesen wäre, dann glaube auch daran, jetzt und in Zukunft! Hör auf dir die Schuld zu geben, wenn du alles in deiner Macht stehende versucht hast um die Situation zu verbessern. Das ist der Punkt, an dem du deine verbleibende Energie aufwenden musst, um sowohl einen Schlussstrich zu ziehen, als auch einen neuen Weg einzuschlagen.

Suche nach neuen Möglichkeiten unbedingt noch bevor du deinen Job aufgibst, denn vielleicht ist ein nahtloser Übergang möglich. Nutze die Energie und Zeit die du hast, um Stellen zu suchen, noch bevor ein Supergau ins Haus steht. Lass dich nicht entmutigen, denn du hast Besseres verdient und irgendwo da draußen wartet es auf dich!

Auch ich habe diesen einen, perfekten Job noch nicht gefunden aber ich lerne jeden Tag dazu. Vor allem über mich selbst. In den vergangenen Jahren habe ich so viel erlebt und dabei auch über mich selbst erfahren, Gutes wie Schlechtes, dass ich sicher bin, mir wird all das irgendwann einmal zugute kommen. Irgendwann. Ich glaube daran, auch wenn das jetzt etwas schmalzig klingt, dass nichts ohne Grund passiert. Dass es Gründe für alles gibt. Was auch passiert, es muss für irgendwas gut sein, auch wenn es einem manchmal einfach nur vorkommt wie ein großer, ewig währender Test bei dem die Aufgabenstellung auch noch total unfair ist.

Dieser schwere Weg bis hierhin, der meinen Blick auf die Arbeitswelt so nachhaltig negativ geprägt hat, dass ich noch immer glaube, vielleicht keinen Platz darin finden zu können, hat mich aber zu dem Menschen gemacht, der ich heute bin. (Und nein, so über alle Maße negativ sehe ich es heute auch nicht mehr aber dazu gleich noch einige Worte mehr).

„Das ist aber nicht gerade toll!“, denkst du jetzt vielleicht, wenn du dich daran erinnerst wie schlecht es mir stellenweise ging und nein, ich habe all das noch immer nicht überwunden. Aber ich werde es überwinden! Vielleicht nicht jetzt, morgen oder übermorgen. Aber überwinden werde ich es ganz sicher, denn auch andere Hürden habe ich bereits erfolgreich gemeistert und vor allem mir selbst bewiesen, zu was ich fähig bin.

So habe ich beispielsweise einfach zwischendurch, und das nachdem ich bereits mehrere Bandscheibenvorfälle erlitten hatte, trotz schlechter, ärztlicher Prognosen meine Fitnesstrainerlizenz gemacht. Etwas, das mir in diesem Augenblick sicher nicht viele Personen zugetraut hätten, denn diese Bandscheibenvorfälle hatten meine sportlichen Möglichkeiten zu diesem Zeitpunkt deutlich eingeschränkt. Dennoch war es ein kleiner Traum, den ich mir unbedingt erfüllen wollte. Ich hatte es mir fest vorgenommen. Heute geht es mir übrigens wieder gut, auch wenn ich nicht mehr auf derart hohem Niveau trainieren kann und will.

Was ich damit sagen will: Oft ist man deutlich stärker als man denkt. Viel stärker als man sich selbst einschätzt, vor allem dann, wenn man durch eine schwere Phase geht. Je schlechter wir uns fühlen, desto weniger trauen wir uns zu aber das ist komplett falsch! Es ist wichtig, sich zu überwinden. Es zu versuchen.

„Wer kämpft kann verlieren aber wer nicht kämpft hat schon verloren."

Vielleicht muss auch ich wieder über mich hinaus wachsen. Vielleicht muss ich diese neue ultimative Hürde, in diesem Fall die soziale Phobie, ebenfalls überwinden um stark genug daraus hervorgehen zu können, damit es mir ganz neue Möglichkeiten eröffnet. Damit mein neues Ich, wie aus dem Ei gepellt, anders und besser mit Situationen umgehen kann, die mich damals einfach nur niedergedrückt hätten.

Abgesehen davon glaube ich fest daran, dass es für jeden diesen einen Job gibt, den er wirklich gern macht, in dem einen Unternehmen, für das er gern arbeitet und die Wertschätzung bekommt, die er verdient. Das glaube ich wirklich. Und vielleicht müssen wir all diese negativen Erfahrungen machen, um den einen Job, den wir wirklich lieben, am Ende auch wirklich wertschätzen zu können.

Konntest du dich bis hierhin in dem einem oder anderen Erlebnis oder Gedanken wiederfinden?

Siehst du? Du bist nicht allein damit.

KAPITEL 12:

DU BIST ES WERT!

Vergiss niemals:

1. Du bist nicht Schuld daran, dass die Bürohexe kein erfülltes Leben hat und ihren Frust an dir auslässt!

2. Du musst nicht alles mit dir machen lassen, denn das Unternehmen bezahlt dich zwar für deine Arbeitsleistung, die totale Aufopferung bis zur körperlichen und seelischen Totalerschöpfung ist allerdings nicht mit inbegriffen!

3. Nichts hält dich davon ab, dich einfach parallel auf andere Stellen zu bewerben!

4. Es ist vollkommen in Ordnung, nicht direkt im erstbesten Job oder der erstbesten Ausbildung glücklich zu sein. Jeder muss Erfahrungen sammeln und daraus lernen.

5. Es ist in Ordnung, nicht zu funktionieren wie eine Maschine! Du bist ein Mensch. Wenn du

eine Auszeit brauchst, dann brauchst du eine Auszeit. Ein Burnout zieht man sich heutzutage schneller zu als man glaubt und wenn du erst einmal am Boden liegst, hilft das niemandem. Am wenigsten dir selbst!

6. Wenn es dir wirklich schlecht geht und du nicht mehr weiter weißt, hab keine Angst davor dir Hilfe zu suchen, auch wenn es vielleicht erst mal nur der Gang zum Hausarzt ist. Du bist damit nicht allein!

7. Gib nichts auf Leute, die dir sagen „Das wird schon!“, „Wir haben es alle nicht leicht!“ oder „Da muss man halt manchmal durch!“. Niemand fühlt, was du fühlst. Niemand steckt in deiner Haut. Es ist anmaßend von anderen, zu denken, sie könnten dich einschätzen oder dir mit diesen 0-8-15 Sprüchen Mut machen. Oft machen sie es nur noch schlimmer, weil man sich erst recht allein gelassen und unverstanden fühlt!

8. Vertraue deinem Bauchgefühl! Das tun wir nämlich viel zu selten und stellen am Ende fest, hätten wir einfach sofort auf unseren Bauch gehört, hätten wir vielleicht viel früher die Reißleine ziehen können oder

hätten zumindest in manchen Situationen anders reagiert. Trau dich!

9. Glaube daran, dass es für jeden Topf einen Deckel gibt. Das gilt nicht nur für zwischenmenschliche Beziehungen, sondern auch für dich und die Arbeitswelt. Es kann okay sein, wenn Topf und Deckel von unterschiedlichen Herstellern sind, so lange zumindest die Form grob passt. Aber es ist nicht okay, einen Kochtopfdeckel auf eine Auflaufform zu setzen und zu denken, dass es funktioniert, geschweige denn sich richtig anfühlt.

10. Denk an dich und deine Gesundheit, denn du bist es Wert!

11. DU SCHAFFST DAS!

DANKE.

Ich bin sicher, dass du dich aus einem ganz bestimmten Grund für dieses Buch entschieden hast und ich danke dir für dein Vertrauen. Danke, dass du mir zugetraut hast, oder zumindest in Erwägung gezogen hast, dass dir meine Geschichte und meine Ratschläge auf deinem Weg helfen können. Ich freue mich, wenn du dieses Buch jetzt mit dem Gefühl zur Seite legst, mit deinen Erfahrungen und Empfindungen nicht allein zu sein. Und wenn du es wieder zur Hand nimmst, wann immer du dich daran erinnern musst. Ich freue mich, wenn du aus meinen Zeilen etwas für dich mitnehmen konntest.

Auch ein ganz besonderes Danke an die beiden Menschen, die mir dabei geholfen haben, das hier zu verwirklichen. Die beiden, die mir immer Mut gemacht haben, die für mich da waren und von denen auch in diesem Buch die Rede war. Danke, dass es euch gibt!

Alle erwähnten Namen in diesem Buch sind frei erfunden und entsprechen keinen Namen mir bekannter, lebender Personen.

Joyce Nebelfeld,

Baujahr '89, wuchs ländlich in einem kleinen Dorf im Herzen Deutschlands auf schreibt bereits seit ihrer Kindheit. Damals noch typische Mädchengeschichten über Pferde und Freundschaft, wurde daraus schnell der konkrete Wunsch, andere auch an ihrer tiefgründigen Gedankenwelt und ihren teils stark prägenden Erlebnissen teilhaben zu lassen. Natürlich immer schonungslos ehrlich, frei heraus und gerne mit einer kleinen Prise Galgenhumor!